예수님이 가르쳐주신 기도,

주기도문

예수님이
가르쳐주신
기도,
주기도문

© 생명의말씀사 2016

2016년 3월 28일 1판 1쇄 발행
2016년 6월 23일   2쇄 발행

펴낸이 | 김재권
펴낸곳 | 생명의말씀사

등록 | 1962. 1. 10. No.300-1962-1
주소 | 서울시 종로구 경희궁1길 5-9(03176)
전화 | 02)738-6555(본사) · 02)3159-7979(영업)
팩스 | 02)739-3824(본사) · 080-022-8585(영업)

지은이 | 조현삼

기획편집 | 유선영
디자인 | 박소정, 김혜진, 윤보람
인쇄 | 영진문원
제본 | 정문바인텍

ISBN 978-89-04-13196-9 (03230)

저작권자의 허락 없이 이 책의 일부 또는 전체를
무단 복제, 전재, 발췌하면 저작권법에 의해 처벌을 받습니다.

예수님이 가르쳐주신 기도, 주기도문

조현삼 지음

THE LORD'S PRAYER

생명의말씀사

THE LORD'S PRAYER

목 차

서문 | 6

1과 기도는 하나님께 하는 것이다 | 8

2과 기도 응답은 하나님이 하신다 | 14

3과 기도는 땅에 사는 자녀가
     하늘에 계신 아버지와 나누는 대화다 | 22

4과 너희는 먼저 하나님을 위해 기도하라 | 28

5과 기도로 예수 그리스도와 그의 다스림을 구하라 | 34

6과 구원을 위해 기도하라 | 40

7과 기도로 현재의 필요를 채우라 | 46

8과 기도로 과거를 지우라 | 54

9과 기도로 미래의 죄를 예방하라 | 62

10과 기도로 미래의 불안요소를 제거하라 | 70

11과 하나님의 영광을 위해서 기도하라 | 78

12과 기도로 과거를 지우고
　　　미래의 불안 요소를 제거하고 오늘을 살라 | 86

13과 너희는 쉬지 말고 항상 범사에 기도하라 | 92

14과 실습_ 오늘의 개인 기도일기 쓰기 | 98

서 문

2015년 여름, 안식월을 마치고 돌아오는 비행기 안에서 성도일기 양식을 마무리 했습니다. 「조현삼 목사의 성도일기」 안에는 기도일기, 말씀일기, 감사일기, 소원일기, 생활일기, 사역일기 등 모두 열 네 종류의 일기 양식이 들어 있습니다. 이것을 낱장으로 인쇄해서 예배당에 비치해 놓고 필요한 성도들이 가져다 사용하도록 했습니다.

「조현삼 목사의 성도일기」안에 있는 기도일기 양식 중 하나가 〈오늘의 개인기도〉입니다. 예수님이 가르쳐주신 기도를 중심으로 개인적으로 하루의 기도를 적는 일기 양식입니다. 이 개인 기도일기 양식은 이 교재 마지막 과에 첨부되어 있습니다.

성도일기 양식을 만든 후에 한 학기 동안 순장들과 성도일기 쓰는 법을 함께 공부하기로 했습니다. 첫 번째로 시작한 것이 〈오늘의 개인 기도〉입니다. 처음에는 14개의 성도일기 양식을 가지고 한 주에 하나씩 작성하는 법을 배우고 현장에서 함께 작성하고 그것을 나누는 것으로 순장반 공부를 진행하려고 했습니다. 그런데 〈오늘의 개인 기도〉의 바탕이 되는 주기도문을 순장들과 같이 나누는 첫 시간에 예수님이 가르쳐주신 기도를 좀 더 자세히 그리고 심도 깊게 순장들과 나누고 싶은 마음이 들었습니다. 그 마음이 주님이 주신 마음 같아 "예"하고 『예수님이 가르쳐 주신 기도, 주기도문』을 썼습니다.

 이 교재를 통해 다양한 소그룹에서 예수님이 가르쳐주신 기도를 배우게 되기를 소망합니다. 하나님께서 이 교재를 쓰는 동안에 제게 주신 은혜를 이 교재로 공부하는 분들에게도 주실 것을 생각하면 가슴이 뜁니다. 기도하는 기쁨과 기도하는 즐거움이 회복되는 것이 보이고 기도를 쉬던 이들이 다시 기도를 시작하고 기도하다 낙심한 이들이 다시 기도의 자리로 돌아가는 일이 예상되기 때문입니다.

 이 짧은 기도문에 이렇게 많은 것을 다 담아 가르칠 수 있는 분은 예수님 밖에 없습니다. 『예수님이 가르쳐 주신 기도, 주기도문』을 쓰는 중에 제가 했던 한 고백입니다. 사랑합니다.

2016년 3월
조현삼 목사

1과 기도는 하나님께 하는 것이다

읽을 말씀 마 6:5-6, 16-18, 7:7-11
외울 말씀 마 6:9-13

01 예수님을 통해 기도를 배우려고 한다. 예수님이 제자들에게 기도를 가르치실 때 기도의 내용보다 먼저 가르치신 내용은 무엇인가? 마 6:5a, 16

02 외식하는 자는 문자적으로 배우, 위선자를 가리킨다. 성경에서 외식하는 자들은 누구를 가리키는가? 마 23:23-29

03 외식하는 자들의 특징이 무엇인가? 마 6:5, 16

04 기도할 때 이렇게 한 이유는 이들의 신앙과 깊은 관계가 있다. 이들의 영적 상태는 어떠했는가? 이들에게 믿음이 있었는가? 마 15:8-9

05 이것을 통해 기도는 아무나 하는 것이 아님을 알 수 있다. 누가 기도자인가? 기도하는 사람이 되기 위해서 필요한 것은 무엇인가? 히 11:6, 약 1:5-8, 5:15

06 예수님은 "외식하는 자들은 자기 상을 이미 받았다"고 하셨다. 외식하는 자들이 이미 받은 자기 상은 무엇인가? 마 6:5

07 예수님은 제자들에게 기도할 때에 외식하는 자들과 같이 하지 말고 어떻게 하라고 하셨는가? 마 6:6, 18

08 예수님이 제자들에게 가르쳐 주신 이것을 우리는 문자적으로 적용해야 하는가, 아니면 의미적으로 적용해야 하는가?

---

09 예수님이 기도할 때 골방에 들어가서 문을 닫고 기도하라고 하신 이 말씀 속에 기도의 대상이 누구인지 분명하게 기록되어 있다. 기도의 대상은 누구인가? 마 6:6, 18

---

10 기도하다 실망한 사람들이 있다. 기도하다 지친 사람들이 있다. 하나님이 내 기도는 안 들어 주신다는 사람들이 있다. 기도해도 소용없다는 사람들이 있다. 기도에 대해 지금 당신이 갖고 있는 생각은 무엇인가? 왜 그런 생각을 하게 되었는가?

---

11 "외식하는 자들은 자기 상을 이미 받았다"와 "은밀한 중에 계신 네 아버지께서 갚으시리라"는 예수님의 말씀 속에는 무엇이 전제되

어 있는가? 기도하면 어떻게 되는가? 기도의 결과를 묻는 질문이다. 참고 히 11:6, 요 16:24

12 예수님은 우리가 기도할 때 어떻게 되는지, 기도의 결과를 구체적으로 알려주셨다. 그것이 무엇인지 성경에서 찾아 써 넣으라. 그리고 당신의 말로 기도하면 어떻게 되는지를 한 문장으로 적어 보라. 마 7:7-8

1-1) 구하라. 그리하면

2-1) 찾으라. 그리하면

3-1) 문을 두드리라. 그리하면

1-2) 구하는 이마다

2-2) 찾는 이는

3-2) 두드리는 이에게는

13 마태복음 7장 7절과 8절만 보면, 우리가 기도하면 기도하는 대로 이루어지는 것 같은 느낌이 든다. 예수님도 우리가 이렇게 생각할

것을 아신 듯이 기도 응답에 대한 추가 설명을 이어가셨다. 그것이 무엇인가? 마 7:9-11

14 기도 응답을 받지 못했다고 하는 이들 가운데는 자기가 기도한 대로, 자기가 구한대로 하나님이 해주시지 않으면 응답 받지 못했다고 생각하는 이들이 있다. 하나님은 항상 우리가 구하는 대로 주시는가? 아니면 어떻게 해주시는가? 마 7:11

15 하나님은 우리가 구하는 대로 주실 때도 있다. 그러나 항상 그렇게 하시지는 않는다. 당신은 이런 하나님에 대해 어떻게 생각하는가? 당신은 하나님이 항상 당신이 구하는 대로 주셨으면 좋겠는가? 당신이 구하는 것은 항상 좋은 것이라는 확신이 있는가?

솔직히 우리는 우리가 구하는 것이 항상 좋은 것이라는 확신이 없다. 그때는 좋은 것이라고 생각했던 것들이 훗날 그렇지 않은 것임을 알게 될 때가 우리는 종종 있다. 또 그 반대의 경우도 있다. 이런 상황에 우리의 구한 대로가 아니라 우리가 구할 때 좋은 것으로 주시는 하나님이 우리 하나님이라는 사실이 얼마나 다행이고 감사한지 모른다.

16 하나님은 떡을 구한 우리에게 돌을 주시는 분이 아니다. 많은 경우 하나님은 우리가 떡을 구할 때 떡을 주신다. 우리가 보기에도 먹음직스러운 떡을 주신다. 간혹 하나님이 돌 같은 떡을 주실 때도 있다. 겉으로 보기에는, 우리가 보기에는 돌 같은 떡이 있다. 마치 냉동실에서 꺼낸 돌 같은 떡을 주실 때가 있다. 겉으로 보기에는 돌 같아 보이지만 시간이 지나고 세월이 지나면 그것이 떡인 줄 알게 되는 그런 떡이 있다. 당신 에게도 기도하고 '돌 같아 보인 떡'을 받은 경험이 있을 것이다. 그것을 함께 나누라.

17 기도할 때 "나의 하나님은 기도하는 내게 좋은 것으로 주신다"는 믿음의 고백이 필요하다. "기도하고 받은 것은 좋은 것"이라는 고백도 필요하다. 당신에게도 이런 믿음의 고백이 있는가? 그렇다면 지금 좋은 것으로 주실 하나님을 믿고 함께 기도하자.

2과 기도 응답은 하나님이 하신다

읽을 말씀 마 6:7-18
외울 말씀 겔 36:37b-38a

01 예수님은 기도할 때 외식하는 자와 같이 하지 말라고 한 후에 이어 누구와 같이 무엇을 하지 말라고 했는가? 마 6:7

02 외식하는 자들은 서기관과 바리새인으로 대표되는 유대인들을 가리킨다. 이방인은 누구를 가리키는가?

03 중언부언이 무엇인가? 성경에서 중언부언에 해당하는 예를 찾아보라. 왕상 18:25-29, 행 19:34

중언부언에 해당하는 헬라어 '밧톨로게오'는 말더듬이(밧토스)와 말(로고스)의 합성어다. 말을 더듬는 언어장애자가 같은 소리를 반복하는 데서 유래한 단어로 '똑같은 말을 몇 번이고 반복하다, 쓸데없고 무익한 말을 많이 하다'는 의미를 갖고 있다. 이방인들이 기도할 때 하는 주문이 대표적인 중언부언이다.

중언부언의 의미 속에 '같은 말을 반복하다'가 들어 있다 보니 이것을 오해해서 기도할 때 같은 내용을 반복해선 안 되고 이미 한 기도는 반복해서는 안 된다고 생각하는 경우가 있다. 자식이 없는 한나가 그 기도를 한 번만 했겠는가. 중언부언하지 말라는 말은 이방인처럼 주문 외우듯 하지 말라는 의미다.

04 이방인이 기도할 때 중언부언한 이유는 무엇인가? 마 6:7

이방인들의 기도관에는 기도 응답이 기도하는 사람에게 달렸다는 생각이 들어 있다. 이들에게 자신들이 기도하는 대상인 신이 누군지는 그리 중요하지 않다. 그 신이 기도 응답을 할 능력이 있는지 없는지도 중요하지 않다. 왜냐하면 기도가 응답되는 것은 기도하는 사람의 기도 양과 태도에 달렸다고 생각하기 때문이다. 이들은 기도가 응답되지 않는 것은 자신의 정성이 부족하고 노력이 부족한 결과라고 생각한다. 이러다 보니 주문을 외우며 반복해서 자신의 신 이름을 부르며 기도 시간을 늘리는 것이 이들에게는 중요했다.

05 시계를 보고 예수님이 가르쳐주신 기도를 외워 보라. 이 기도를 하는데 걸린 시간은 얼마나 되는가? 시계를 보고 주기도문을 외운 당

신의 소감은 어떤가?

06 말을 많이 하면 좋은 기도인가? 길어야 좋은 기도인가? 기도 응답은 기도 길이에 달려 있는가?

기도를 길게 해야 한다는 생각에 붙잡힐 필요는 없다. 성경에도 오랫동안 기도한 예가 있다. 밤이 맞도록 기도한 예도 있다. 그러나 이것을 기도 시간의 기준으로 삼고 기도를 길게 하지 못하는 것을 부끄럽게 여기거나 그런 사람을 무시하는 일은 없어야 한다.

07 기도의 대상은 누구이고 기도 응답의 주체는 누구인가? 마 6:6

이방인의 기도는 기도 대상이 없거나 희미하다. 이방인의 기도 응답 주체는 사람이다. 기도하는 사람이 기도 응답자다. 예수님은 6절 말씀을 통해 제자들에게 너희의 기도 대상은 하나님이시고 기도 응답의 주체 역시 하나님이라고 가르쳐 주셨다.

08 당신의 기도 대상은 하나님이신가? 당신은 기도 응답의 주체가 하나님이심을 믿는가? 혹여라도 당신은 기도가 응답되거나 되지 않은 것이 자신 때문이라고 생각하고 우쭐해 하거나 반대로 힘들어하지는 않는가? 자신이 조금만 더 기도했으면 응답되었을 텐데, 그때 40일을 채웠어야 하는데, 정성이 부족했나 하면서 기도 응답이 되고 안 되고의 원인을 자신에게서 찾지는 않는가?

----

09 성경에도 기도자의 문제로 기도가 응답되지 않는 다음과 같은 경우가 있다. 당신이 이런 경우라면 서둘러 자신을 돌아보아 회개하고 기도해야 한다. 혹여라도 지금 당신은 다음과 같은 상태로 기도하고 있지는 않는가?

1) 앞에서 살펴본 바리새인과 서기관들의 기도처럼 하나님에 대한 믿음이 없이 하는 기도, 하나님이 아닌 사람에게 한 기도는 응답되지 않는다. 참고 히 11:6, 약 1:5-8

2) 손에 피가 가득한 사람의 기도는 하나님이 듣지 않으신다. 사 1:15-17 곧 악을 행하며 드리는 기도는 응답되지 않는다.

3) 아내를 귀히 여기지 않고 드리는 기도 곧 아내를 무시하며 드리는 기도는 응답되지 않는다. 벧전 3:7, 참고 골 3:19

4) 정욕으로 쓰려고 잘못 구한 기도는 응답되지 않는다. 약 4:3

10 당신의 상태가 9번과 같지 않다면 기도 응답이 되지 않는 이유를 더 이상 당신에게서 찾지 말라. 기도 응답의 때는 누가 정하시는가? 기도하는 사람이 정하는가? 기도 응답의 주체이신 하나님이 정하시는가? 당신의 경우는 어떤가?

---

11 기도를 하다 낙심이 되는 경우도 있다. 언제, 어떨 때 낙심이 되는가?

"구하라 그러면 너희에게 주실 것이요 찾으라 그러면 찾을 것이요 문을 두드리라 그러면 너희에게 열릴 것이니 구하는 이마다 얻을 것이요 찾는 이가 찾을 것이요 두드리는 이에게 열릴 것이니라" 마 7:7-8는 말씀을 읽으면 기도하는 대로 바로바로 응답될 것 같은 느낌이 든다. 그러나 실제로 기도를 해 보면 바로바로 주시는 경우도 있고 금방 열리는 경우도 있지만 때로는 오랜 시간이 걸리는 경우도 있다. 그러다 보니 기도하다 낙심하는 사람들도 생긴다.

기도를 할 때 응답 기한을 기도자가 정하는 경우도 있다. 금년 말까지 등. 그러다 자신이 정한 기한 내에 자신이 기도한 대로 되지 않으면 기도가 응답되지 않았다고 낙심하고 기도를 쉬기도 한다.

12 기도 응답의 때는 언제인가? 기도 응답의 때와 기한에 대한 말씀은 아니지만 성경에 때와 기한과 관련해 하나님의 뜻을 살짝 엿볼 수 있는 말씀들이 있다. 다음 말씀을 통해 기도 응답의 때가 언제인지를 찾아보라. 참고 전 3:1-11, 행 1:6-8, 눅 13:31-33

성경에 기도 응답의 때에 대한 구체적인 언급은 없다. 성경에 나타난 기도 응답의 예를 찾아 봐도 기도 응답 기간은 한마디로 측량불가다. 즉시로 응답된 경우도 있지만 아주 오랜 기간이 걸린 경우도 있다. 가끔은 치료 기도는 한 달 이내, 결혼 기도는 1년 이내, 진학 기도는 3개월 이내, 취업 기도는 1년 이내 등이라고 기도 응답의 기한이 정해져 있으면 좋겠다는 생각을 하기도 한다. 성경은 때와 기한은 하나님의 영역이라고 말하고 있다. 기도 응답의 때와 기한 역시 전적인 하나님의 영역이다.

13 기도하다 낙심이 될 때 우리는 어떻게 해야 하는가? 갈 6:9

14 예수님은 제자들에게 이방인을 본받지 말라고 하시며 덧붙이신 말씀이 있다. 그것이 무엇인가? 마 6:8, 참고 마 6:32

"구하기 전에 너희에게 있어야 할 것을 하나님 너희 아버지께서 아신다는 것"은 하나님이 우리의 필요를 아시고 하나님이 그것을 다 준비해 놓으셨다는 의미다. 그러니 이방인처럼 중언부언하지 말고 구하라는 것이다. 그렇게 하지 않아도 주시겠다는 의미다.

15 구하기 전에 너희에게 있어야 할 것을 하나님 너희 아버지께서 아신다는 것이 때로는 "그러면 기도할 필요 없는 것 아닌가"하는 오해를 낳기도 한다. 이것은 오해다. 하나님이 우리에게 있어야 할 것을 아시고 하나님이 그것을 준비해 놓으셨어도 기도는 필요하다. 그 이유를 다음 성경에서 찾아보라.

1) 에스겔 36장 8절부터 36절을 읽고 하나님이 이스라엘에 해주시겠다고 약속한 것이 무엇인지 찾아보라. 겔 36:8–15, 24–36

2) 하나님께서 이것들을 약속하신 후에 이것을 무엇을 통해 주시겠다고 하셨는가? 겔 36:37–38, 참고 요 16:24

16 "그래도 이스라엘 족속이 이같이 자기들에게 이루어 주기를 내게 구하여야 할지라"를 주목해야 한다. 하나님이 많은 것을 준비해 놓으셨는데 기도하지 않음으로 받지 못한 것이 있다면 이처럼 안타까운 일은 없을 것이다. 우리를 위해 좋은 것을 준비하시고 기도하기를 기다리시는 하나님 앞에 기도하자.

3과 기도는 땅에 사는 자녀가 하늘에 계신 아버지와 나누는 대화다

읽을 말씀 마 6:9
외울 말씀 시 29:2

01 우리는 지금 예수님에게 기도를 배우는 중이다. 주기도문은 다음과 같이 나눌 수 있다. 1)이 오늘 배울 부분이다. 주기도문을 암송하고 시작하자. 마 6:9-13

> 1) 하늘에 계신 우리 아버지여
> 2) 이름이 거룩히 여김을 받으시오며
> 3) 나라가 임하시오며
> 4) 뜻이 하늘에서 이루어진 것 같이 땅에서도 이루어지이다.
> 5) 오늘 우리에게 일용할 양식을 주시옵고
> 6) 우리가 우리에게 죄 지은 자를 사하여 준 것 같이 우리 죄를 사하여 주시옵고
> 7) 우리를 시험에 들게 하지 마시옵고
> 8) 다만 악에서 구하시옵소서
> 9) 나라와 권세와 영광이 아버지께 영원히 있사옵나이다. 아멘

02 예수님이 가르쳐주신 기도의 대상에는 하나님에 대한 두 가지 중요한 정보가 들어 있다. 그것이 무엇인가? 마 6:9

_____

_____

_____

03 사람의 거처는 땅이다. 신神이신 하나님의 거처는 어디인가? 단 2:28,
대하 6:39, 왕상 8:39

"하늘에 계신 우리 아버지여"라는 고백 속에는 우리의 기도 대상이 땅에 사는 사람이 아니라 하늘에 계신 신神이라는 의미가 들어 있다.

04 마태복음 6장 5절부터 18절까지를 읽고 '아버지'가 몇 번 나오는지 찾아보라.

05 우리의 기도 대상은 하늘에 계신 우리 아버지다. 우리 아빠다. "하늘에 계신 우리 아버지여" 속에는 하늘에 계신 나의 신神 하나님은 나의 아버지이시고 나는 그분의 자녀라는, 곧 하나님과 나는 부자지간이라는 관계가 명시되어 있다. "하늘에 계신 우리 아버지여"는 나와 신이신 하나님이 가족관계라는 고백이다. 당신은 어떻게 하늘 아버지에게 기도하는 하나님의 자녀가 되었는가? 요 1:12-13

06 성경은 하나님의 자녀가 되는 권세, 그러니까 우리가 하나님의 자녀가 된 것을 권세라고 했다. 자녀가 된 것이 권세라면 자녀가 아버지에게 기도하는 것은 무엇인가?

....
....
....

07 로마서 8장 17절은 "자녀이면 또한 상속자 곧 하나님의 상속자요 그리스도와 함께 한 상속자"라고 했다. 예수를 믿는 당신은 하나님의 상속자다. 당신은 하나님께 무엇을 상속 받았는가? 어떤 과정을 통해 하나님의 것을 상속 받았는가?

....
....
....

08 하나님은 성경에 다양하게 표현되어 있다. 전능하신 하나님, 여호와 하나님 등. 예수님은 제자들에게 기도를 가르치시면서 일관되게 하나님을 아버지로 소개하고 있다. 예수님은 기도의 대상을 아버지라고 왜 이토록 강조하시는가?

사람이 신神이신 하나님을 아는 것은 어려운 일이다. 그래서 하나님은 성경을 통해 사람 수준에서 하나님을 알 수 있도록 다양한 방법으로 설명해 주시고 있다. 우리는 하나님은 잘 몰라도 아버지는 조금 안다. 예수님은 땅의 아버지를 통해 우리의 기도 대상이시고 우리의 기도 응답자이신 하늘 아버지를 우리에게 알려 주려고 하신다.

09 "기도를 들으시는 하나님은 너희 아버지 같은 분이다." 먼저, 당신의 아버지는 어떤 분인가? 당신은 아버지라는 말을 들으면 어떤 이미지가 가장 먼저 떠오르는가?

10 아버지에 대한 생각과 아버지의 이미지가 중요한 이유는 내가 아는 아버지로 하늘에 계신 아버지도 알기 때문이다. 한 청년이 어느 목사님에게 찾아와 "목사님, 설교하실 때 하나님 아버지 하지 마시고 하나님까지만 해 주세요"라고 부탁했다. 아버지와의 관계가 어려운 청년이 한 부탁이다. 만약 당신이 아버지에 대해 안 좋은 기억이 있거나 부정적인 이미지를 갖고 있다면 어떻게 해야 하는가? 왜 그렇게 해야 하는가?

11 땅의 아버지를 통해 하늘 아버지를 온전히 다 알 수는 없다. 땅의 아버지가 온전하지 않기 때문에 땅의 아버지를 통해 하늘 아버지를 배우는 데는 한계가 있다. 우리는 이 한계를 어떻게 극복할 수 있는가? 땅의 아버지 외에 무엇을 통해 하늘 아버지를 배울 수 있는가? 참고 신 7:9, 호 6:1-3

12 당신이 땅의 아버지를 통해 배운 아버지와 성경을 통해 배운 아버지는 어떤 차이가 있는가? 성경을 통해 배워 당신 안에 정립된 아버지상이 있는가? 또한 성경을 통해 배운 하늘 아버지는 어떤 분인가? 그것을 함께 나누라. 참고 마 7:9-11, 사 49:15, 삼상 12:22

13 땅의 아버지와 하늘 아버지가 같을 때도 있고 다를 때도 있다. 자녀에게 좋은 것을 주기 원하는 것은 땅의 아버지나 하늘 아버지가 같다. 마 7:9-11 가끔 자녀에게 나쁜 것을 주는 부모도 있지만 하늘 아버지는 자녀에게 항상 좋은 것으로 주신다. 자식을 잊지 않는 것은 땅의 아버지나 하늘 아버지나 같다. 가끔 자식을 잊는 땅의 아버지도 있지만 하늘 아버지는 그 자녀를 잊지 않으신다. 사 49:15

땅의 아버지 중에는 자녀를 버리는 경우가 간혹 있지만 하늘 아버지는 그 자녀를 버리지 않으신다. 삼상 12:22 땅의 아버지를 통해 배운 아버지와 성경을 통해 배운 하늘 아버지가 다를 때 우리는 어떻게 해야 하는가?

_____

_____

14 부모의 역할 가운데 하나는 자녀에게 하늘 아버지를 알고 느끼게 해주는 것이다. 누군가 당신의 자녀에게 (당신이 부모라면) "하나님은 너희 아버지와 어머니 같은 분"이라고 말한다면 당신의 자녀는 어떤 반응을 보일 것 같은가? 참고 엡 6:4

_____

_____

15 기도는 땅에 있는 자녀가 하늘 아버지와 나누는 대화다. 이 시간 우리 함께 하늘에 계신 우리 아버지와 사랑 가득한 대화를 나누자.

> 예수님이 산상수훈을 통해 우리에게 알려 주고 싶으신 것은 "기도가 아들과 아버지가 나누는 대화"라는 사실이다. 우리의 기도 대상은 이방인들이 중언부언하며 찾는 비인격적인 죽은 신이 아니라, 인격적인 살아계신 하나님 아버지시다. 기도는 땅에 사는 아들과 하늘에 계시는 아버지가 주고받는 대화다. 기도시간은 땅에 사는 딸과 하늘에 계시는 아버지의 통화 시간이다. 기도는 땅에 사는 자녀가 하늘에 계시는 아버지에게 드리는 부탁이다. 대화는 말을 서로 주고받는 것이다. 기도가 하나님 아버지와 나누는 대화라는 사실을 놓친 채 일방적으로 자신이 할 말만 하고 끝내서는 안 된다. 기도할 때 귀를 열어 놓고 해야 할 이유다.

4과 너희는 먼저 하나님을 위해 기도하라

읽을 말씀 마 6:9-10

외울 말씀 마 6:6

01 우리는 지금 예수님으로부터 기도를 배우는 중이다. 주기도문은 다음과 같이 나눌 수 있다. 2)가 오늘 배울 부분이다. 주기도문을 암송하고 시작하자. 마 6:9-13

> 1) 하늘에 계신 우리 아버지여
> 2) 이름이 거룩히 여김을 받으시오며
> 3) 나라가 임하시오며
> 4) 뜻이 하늘에서 이루어진 것 같이 땅에서도 이루어지이다.
> 5) 오늘 우리에게 일용할 양식을 주시옵고
> 6) 우리가 우리에게 죄 지은 자를 사하여 준 것 같이 우리 죄를 사하여 주시옵고
> 7) 우리를 시험에 들게 하지 마시옵고
> 8) 다만 악에서 구하시옵소서
> 9) 나라와 권세와 영광이 아버지께 영원히 있사옵나이다. 아멘

02 예수님이 제자들에게 "너희는 이렇게 기도하라"며 가르쳐주신 기도의 내용 중 첫마디 "이름이 거룩히 여김을 받으시오며"이다. 이 기도의 의미는 무엇인가? 마 6:9

03 이것은 누구의 이름이 거룩히 여김을 받으시길 구하는 것인가? 이것은 누구를 위한 기도인가?

04 예수님은 제자들에게 기도를 가르치시면서 가장 먼저 하늘에 계신 우리 아버지의 이름이 거룩히 여김을 받으시기를 구하라고 하셨다. 이것은 기도할 때 먼저 하나님을 위해 기도하라는 의미다. 자녀에게 가장 중요하고 우선해야 할 일은 아버지를 위해 기도하는 것이다. 당신은 하나님을 위하여 기도하고 있는가?

우리 자신을 위한 기도와 다른 사람을 위한 기도는 우리에게 익숙하고 친숙하다. 그러나 하나님을 위한 기도는 낯설다. "사람인 내가 어떻게 하나님을 위해 기도한단 말인가. 하나님은 우리가 기도로 보태야 할 부족함이나 풀어야 할 문제가 없는 완전하신 분인데 그분을 위해 우리가 무엇을 기도한단 말인가." 아마 이런 생각 때문에 우리는 하나님을 위해 기도하지 않는지 모른다. 기도는 우리의 부족함을 채움 받고 문제를 해결 받는 것이라는 생각이 강하다 보니 이렇게 생각하는지 모른다. 그런데 예수님은 우리에게 먼저 하나님을 위해 기도할 것을 가르치고 있다.

05 예수님은 제자들에게 하나님을 위해 기도할 내용까지 일러 주셨다.

그것이 무엇인가? 마 6:9

_____

_____

_____

06 하나님은 거룩해지셔야 하는 분인가, 아니면 이미 거룩하신 분인가? 우리가 기도로 하나님을 거룩하게 해서 하나님의 이름이 거룩히 여김을 받으시도록 해야 하는가, 아니면 이미 거룩하신 하나님이 거룩히 여김을 받으시도록 기도해야 하는가? 레 11:45, 벧전 1:14-16

_____

_____

_____

하나님은 이미 거룩하시다. 우리가 기도해야 하나님이 거룩해지시는 것이 아니다. 우리가 기도하지 않아도 하나님은 거룩하시다. 그러나 지금 세상 가운데서 하나님의 이름은 거룩히 여김을 받으시기도 하고 거룩히 여김을 받지 못하시기도 한다. 오히려 하나님의 이름이 조롱을 받으시기도 한다. 이런 상황에서 예수님은 우리에게 거룩하신 하나님이 거룩히 여김을 받으시도록 기도하라고 가르치셨다.

07 우리는 하나님을 위해 기도할 때 하나님의 이름이 거룩히 여김을 받으시기만을 위해서 기도해야 하는가?

_____

_____

하나님을 위한 우리의 기도 지경은 넓어져야 한다. 하나님은 창조주시다. 하늘과 땅과 그 가운데 충만한 모든 것을 다 창조하신 분이다. 우리가 기도해야 하나님이 창조주가 되시는 것이 아니다. 하나님은 이미 창조주이시지만 지금 세상 가운데서 창조주로 여김을 받으시기도 하고 창조주로 여김을 받지 못하시기도 한다. 우리는 창조주이신 하나님이 창조주로 여김을 받으시도록 기도해야 한다. 또한 이뿐 아니라 더 넓게 더 많이 하나님을 위해 기도해야 한다.

08 하나님과 하나님의 이름은 어떤 관계가 있는가? 시 121:1-2, 124:8

09 하나님과 하나님의 이름을 우리가 어떻게 해야 하는지를 다음 성경을 통해 찾아보라.

1) 대상 16:29, 참고 대상 16:1-36

2) 시 148:13, 참고 시 148:1-14, 135:3, 68:4, 113:2, 단 2:20

3) 시 52:9

4) 시 54:6

5) 레 24:16

6) 출 20:7

7) 레 19:12

10 하나님이 사람을 지으신 목적이 있다. 그것이 무엇인가? 사 43:21 사람이 존재하는 목적이 있다. 그것이 무엇인가? 고전10:31

11 하나님이 사람을 지으신 목적, 사람이 존재하는 목적을 예수님이 기도를 가르쳐 주신 목적, 우리가 기도하는 제일 목적이라고 적용할 수 있는가?

하나님은 거룩하신 분이다. 하나님은 영광 받기에 합당하신 분이다. 우리는 거룩하신 하나님이 거룩히 여김을 받으시고 영광 받기에 합당하신 하나님이 영광을 받으시도록 기도해야 한다. 이것이 우리 기도의 시작이 되어야 하고 우리가 기도하는 제일 목적이 되어야 한다.

12 지금 하나님은 세계 모든 민족과 열방 가운데서 여호와의 이름에 합당한 영광을 받고 계신가? 하나님은 나를 통해, 우리교회와 한국

교회를 통해 영광을 받고 계신가? 하나님은 이 땅 사람들에 의해 영광을 받고 계신가? 혹여라도 그렇지 못하다면 이것이 우리가 하나님을 위해 기도하지 않은 결과는 아닌가?

13 다윗은 블레셋 장수 골리앗이 하나님의 군대를 모욕할 때 어떻게 대응했는가? 그 결과는 어떻게 되었는가? 삼상 17:43-49

14 앗수르 왕 산헤립이 군대와 편지를 보내 예루살렘의 하나님을 비방하기를, 사람의 손으로 지은 세상 사람의 신들을 비방하듯 할 때 히스기야는 어떻게 대응했는가? 그 결과는 어떻게 되었는가? 대하 32:9-23

15 하나님의 이름이 조롱받고 모욕 받을 때 당신은 어떻게 대응했는가? 아버지의 이름이 조롱 받는 것을 보고 가만히 있는 것은 자녀된 도리가 아니다. 하나님의 이름이 비방을 받고 조롱을 받을 때 마음 아파하지만 말고 하나님을 위해 기도해야 한다. 다함께 기도하자.

5과 기도로 예수 그리스도와 그의 다스림을 구하라

읽을 말씀 마 6:10
외울 말씀 롬 14:17

01 우리는 지금 예수님으로부터 기도를 배우는 중이다. 주기도문은 다음과 같이 나눌 수 있다. 3)이 오늘 배울 부분이다. 주기도문을 암송하고 시작하자. 마 6:9-13

  1) 하늘에 계신 우리 아버지여
  2) 이름이 거룩히 여김을 받으시오며
  3) 나라가 임하시오며
  4) 뜻이 하늘에서 이루어진 것 같이 땅에서도 이루어지이다.
  5) 오늘 우리에게 일용할 양식을 주시옵고
  6) 우리가 우리에게 죄 지은 자를 사하여 준 것 같이 우리 죄를 사하여 주시옵고
  7) 우리를 시험에 들게 하지 마시옵고
  8) 다만 악에서 구하시옵소서
  9) 나라와 권세와 영광이 아버지께 영원히 있사옵나이다. 아멘

02 예수님은 제자들에게 "나라가 임하시오며"라고 기도하라고 가르치셨다. 이 의미가 무엇인가?

03 여기서 나라는 어느 나라를 가리키는가? 마 6:9-10

04 하나님나라를 한문으로 신국神國이라고 하고 하늘나라는 천국天國이라고 한다. 참고로 하늘에 있는 집은 천당天堂이라고 한다. 한글개역개정판 성경은 신국과 하늘나라라는 표현은 사용하지 않고 하나님나라와 천국이란 표현을 사용하고 있다. 하나님나라와 천국은 같은 의미로 성경에서는 사용되고 있다. 하나님나라 곧 천국은 어떤 곳인가? 천국은 어디 있는가?

05 천국은 말 그대로 하늘에 있는 나라다. 그 천국을 하나님나라라고 하는 것은 하늘에 계신 하나님이 통치하시는 나라이기 때문이다. 그런데 성경은 이 하나님나라가 이 땅에 임했다는 놀라운 사실을 전해주고 있다. 하나님의 나라가 임하는 것과 관련된 내용들을 다음 말씀에서 찾아보라.

1) 눅 10:9, 마 3:2, 4:17

2) 마 12:28

3) 눅 16:16

4) 눅 17:20

5) 눅 17:21

06 "이 땅에 하나님의 나라가 이미 임했다." 이 말의 의미는 무엇인가?

07 이미 임한 하나님의 나라는 구체적으로 무엇을 가리키는가? 눅 17:20-21

08 누가복음 17장 21절에 나오는 "하나님의 나라는 너희 안에 있느니라"에서 너희 안은 어디를 가리키는가?

이 말씀을 근거로 하나님의 나라는 너희 안 곧 너희 마음에 임한다고 하는 경우도 있다. 하나님의 나라가 임하는 곳 가운데 하나가 사람의 마음이다. 하지만 그 근거를 이 말씀으로 삼을 수는 없다. 이 말씀은 바리새인들의 시비성 질문에 예수님이 하신 대답이다. 여기 나오는 '너희'는 바리새인들이다. 예수님이 바리새인들의 마음 안에 하나님의 나라가 임한다고 하신 것일까? 영어 성경 NASB는 너희 안에를 'in your midst'로 번역했다. 지금 예수님이 바리새인들에게 둘러싸여 있다. 이 상황에서 예수님이 "하나님의 나라는 너희 안에 있느니라"고 하신 것이다. "하나님의 나라는 너희 가운데 있다." 지금 바리새인 가운데 누가 있는가? 바로 예수님이다.

09 "하나님의 나라는 너희 안에 있느니라"는 이 말씀은 예수님이 이 땅에 오신 것 자체가 하나님의 나라가 임한 것이라는 선언이다. 예수님이 이 땅에 오심으로 하나님의 나라는 이 땅에 임했다. 이것이 이미 임한 하나님나라의 핵심이다. 당신에게 예수님이 오셨는가? 그렇다면 하나님의 나라는 당신에게 임했다. 예수님이 계신 그곳이 하나님나라다. 하나님의 나라는 예수님이 있는 당신의 것이다. 그런가? 마 5:3–10

10 모든 나라에는 통치자가 있다. 이미 임한 하나님의 나라의 통치자는 누구인가? 엡 1:20–22, 골 2:10

11 모든 나라에는 법이 있다. 그 나라 국민은 그 나라 법을 준수함으로 나라의 통치를 받는다. 이미 임한 하나님나라의 법은 무엇인가?
신 10:13, 딤후 3:16-17 하나님나라 법의 핵심은 무엇인가? 막 12:29-31, 요 13:34

---

12 예수님의 통치는 구체적으로 어떻게 받는 것인가? 당신은 예수 그리스도의 다스림을 어떻게 받고 있는가? 당신이 예수 그리스도의 다스림을 받아 했던 최근의 일 하나를 예로 들어 함께 나누라.

---

13 예수 그리스도의 말씀을 통해 다스림을 받으면 그곳에 하나님의 나라가 임한다. 하나님의 나라가 임하면 어떻게 되는가? 이 하나님의 나라가 지금 당신 안에 이루어졌는가? 롬 14:17, 참고 살전 5:16-18

---

14 예수님은 제자들에게 "너희는 먼저 그의 나라와 그의 의를 구하라"

마 6:33고 하셨다. 이 말씀의 의미를 당신이 이해한 말로 써 보라. 이 말씀은 "나라가 임하시오며"와 같은 의미다. 참고 롬 14:17

너희는 먼저 예수 그리스도의 의의 통치를 구하라.
너희는 먼저 예수 그리스도가 다스리는 의의 나라가 임하기를 구하라.
너희는 먼저 예수 그리스도와 그의 다스림을 구하라.
너희는 먼저 예수 그리스도가 통치하시는 천국을 경험하며 살기를 구하라.

15 하나님나라가 이미 이 땅에 임했다는 것이 우리가 죽은 후에 들어갈 천국이 없어졌다는 말인가? 딤후 4:18

----

16 우리는 지금 이미 임한 하나님나라와 아직 들어가지 않은 하나님나라 사이를 살고 있다. 우리는 이 땅에 이미 임한 하나님의 나라에서 살다 죽으면 아직 우리가 들어가지 않은 천국으로 들어 갈 것이다. 예수님은 이런 우리에게 "나라가 임하시오며"라고 하나님나라가 임하기를 기도하라고 하셨다. 하나님의 나라 곧 말씀을 통한 예수 그리스도의 통치가 우리의 몸과 마음과 가정과 교회와 사회와 나라와 민족과 세계 가운데 이루어지기를 기도해야 한다. 이것을 위해 함께 기도하자.

6과 구원을 위해 기도하라

읽을 말씀 마 6: 10
외울 말씀 약 4:15

01 우리는 지금 예수님으로부터 기도를 배우는 중이다. 주기도문은 다음과 같이 나눌 수 있다. 4)가 오늘 배울 부분이다. 주기도문을 암송하고 시작하자. 마 6:9-13

1) 하늘에 계신 우리 아버지여
2) 이름이 거룩히 여김을 받으시오며
3) 나라가 임하시오며
4) 뜻이 하늘에서 이루어진 것 같이 땅에서도 이루어지이다.
5) 오늘 우리에게 일용할 양식을 주시옵고
6) 우리가 우리에게 죄 지은 자를 사하여 준 것 같이 우리 죄를 사하여 주시옵고
7) 우리를 시험에 들게 하지 마시옵고
8) 다만 악에서 구하시옵소서
9) 나라와 권세와 영광이 아버지께 영원히 있사옵나이다. 아멘

02 예수님은 제자들에게 "뜻이 하늘에서 이루어진 것 같이 땅에서도 이루어지이다" 이렇게 기도하라고 가르치셨다. 이 기도의 의미는 무엇인가?

------

03 이 말씀에서 '뜻'은 누구의 뜻인가? 내 뜻인가, 하나님의 뜻인가? 또한 땅은 어디를 가리키는가?

04 하나님의 뜻이 무엇인지를 아는 것이 순서일 것 같다. 바울도 우리에게 주의 뜻이 무엇인지 이해하라고 권한다. 당신은 하나님의 뜻을 어떻게 알 수 있는가? 엡 5:17-18

05 하나님의 뜻은 성경에 잘 나타나 있다. 성경 전체가 하나님의 뜻이다. 우리가 성경을 읽고 공부하는 이유도 하나님의 뜻이 무엇인지 알기 위함이다. 또한 성령은 우리에게 하나님의 뜻을 깨닫게 하신다. 성령님은 우리가 성경을 보거나 기도할 때 하나님의 뜻을 밝히 드러내 알려 주신다. 당신이 성령의 조명을 받아 성경을 읽거나 기도 중에 깨달은 하나님의 뜻 중에 세 가지만 적어보라.

06 성경 중에 이것이 하나님의 뜻이라고 기록되어 있는 말씀들이 있다. 그것을 찾아 하나님의 뜻 몇 가지를 정리해보라. 참고서적 : 「구원설명서」 pp.89-101

1) 살전 5:16-18
_____

2) 롬 9:6-13
_____

3) 마 18:12-14
_____

4) 요 6:39
_____

5) 눅 10:12-21, 고전 1:18-21
_____

6) 살전 4:3
_____

7) 요 6:35-40
_____

07 이것이 하나님이 뜻이라고 명시된 하나님의 뜻을 찾아 정리한 소감이 어떤가? 하나님의 뜻이 주로 무엇과 관련되어 있는가?

_____
_____

성경에 이것이 하나님이 뜻이라고 기록되어 있는 말씀들을 살펴보면 구원과 관련되어 있는 것들이 많다. 하나님의 뜻은 예수님이 말씀하신 것처럼 내 아버지의 뜻은 아들을 보고 믿는 자마다 영생을 얻는 이것, 곧 예수 믿는 것이다. 예수 믿고 구원 받는 것이 하나님의 뜻 중의 뜻이다. 사람이 거룩하게 되는 것도 항상 기뻐하며 쉬지 말고 기도하며 범사에 감사하는 것도 다 예수 믿어야 가능한 일이다.

08 하나님의 뜻이 땅에 이루어지기를 구하는 기도 중의 기도는 구원을 위한 기도다. 아들을 보고 믿어 영생을 얻는 일을 위한 기도다. 구원을 위한 기도가 우리의 기도에 들어 있어야 한다. 당신이 지금 구원을 위해 이름을 부르며 기도하고 있는 개인은 누구인가? 민족은 어느 민족 어느 족속인가? 나라는 어느 나라인가? 만약 없다면 만들어 그들이 구원 얻기까지 기도하라. 롬 10:1

09 하나님의 뜻을 알았다면 그 다음은 그 뜻대로 해야 한다. 하나님의 뜻을 몰라서 하나님의 뜻대로 하지 못하는 경우가 있다. 하나님의 뜻을 알지만 그 뜻대로 하지 못하는 경우도 있다. 하나님의 뜻을 안다고 하나님의 뜻이 저절로 땅에 이루어지는 것은 아니다. 하나님의 뜻대로 해야 하나님의 뜻은 이루어진다. 하나님의 뜻대로 하기가 쉬운가, 어려운가? 어찌 보면 하나님의 뜻은 알지만 그 뜻대로 하지 못하는 것이 우리의 딜레마인지 모른다. 이런 우리에게 예수님은 무엇을 하라고 하셨는가? 마 6:10

10 하나님의 뜻대로 하는 것은 우리에게만 어려운 일이 아니다. 이것은 예수님에게도 어려운 일이었다. 예수님은 하나님의 뜻인 줄 알지만 그대로 하기가 힘들 때 무엇을 하셨는가? 마 26:36-46

예수님은 십자가를 앞에 놓고 "내 아버지여, 만일 할 만하시거든 이 잔을 내게서 지나가게 하옵소서하며 자신의 뜻을 하나님께 말씀드리고 바로 이어 그러나 나의 원대로 마시옵고 아버지의 원대로 하옵소서"라고 기도하셨다. 이 예수님의 기도를 통해 예수님의 대속의 죽음을 통한 하나님이 택한 백성들을 구원하시려는 하나님의 뜻이 땅에서 이루어졌다. 기도해야 하나님의 뜻이 이루어진다. 기도하지 않으면 내 뜻이 이루어진다. 기도는 내 뜻을 실현하기 위해 하는 것이 아니다. 기도는 하나님의 뜻이 하늘에서 이루어진 것 같이 땅에서도 이루어지도록 하기 위해 하는 것이다.

11 당신이 예수님의 경우와 같이 내 뜻과 하나님의 뜻 가운데서 갈등하다 기도로 하나님의 뜻대로 한 일 세 가지를 적어 보라. 그리고 그것을 함께 나누라.

12 당신이 결정을 할 때 기준은 무엇인가? 무엇을 기준으로 하고 안 하고를 결정하는가?

13 야고보 사도는 우리에게 이와 관련해 중요한 지침 하나를 준다. 그것이 무엇인가? 약 4:15

14 "주의 뜻이면 우리가 살기도 하고 이것이나 저것을 하리라." 이것이 우리의 고백이 되어야 한다. 어떤 결정 앞에서도 주의 뜻이 무엇인지를 먼저 살펴야 한다. 이익이냐, 손해냐가 아니라, 편리하냐, 불편하냐가 아니라 주의 뜻이냐, 아니냐가 우리의 결정 기준이 되어야 한다. 이것이 우리의 기준이 되게 해 달라고 기도하자.

7과 기도로 현재의 필요를 채우라

읽을 말씀 마 6:11
외울 말씀 요 6:51

01 우리는 지금 예수님으로부터 기도를 배우는 중이다. 주기도문은 다음과 같이 나눌 수 있다. 5)가 오늘 배울 부분이다. 주기도문을 암송하고 시작하자. 마 6:9-13

  1)하늘에 계신 우리 아버지여
  2)이름이 거룩히 여김을 받으시오며
  3)나라가 임하시오며
  4)뜻이 하늘에서 이루어진 것 같이 땅에서도 이루어지이다.
  5)오늘 우리에게 일용할 양식을 주시옵고
  6)우리가 우리에게 죄 지은 자를 사하여 준 것 같이 우리 죄를 사하여 주시옵고
  7)우리를 시험에 들게 하지 마시옵고
  8)다만 악에서 구하시옵소서
  9)나라와 권세와 영광이 아버지께 영원히 있사옵나이다. 아멘

02 예수님은 제자들에게 "오늘 우리에게 일용할 양식을 주시옵고" 이렇게 기도하라고 가르치셨다. 이 기도는 오늘을 위한 기도 곧 현재를 위한 기도다. 이 기도를 한 단어씩 끊어서 읽으며 중심 단어를 찾아보라. 마6:11

03 "오늘/ 우리에게/ 일용할/ 양식을 주시옵고"에서 중심 단어는 '양식'이다. 여기 나오는 양식은 당시 사람들의 주식인 빵을 의미한다. 우리 식으로 하면 밥이다. 이 기도는 무엇을 구하는 기도인가?

04 양식은 사람이 생존하는데 필수적인 것이다. 양식은 사람의 가장 기본적인 필요이자, 중요한 필요다. 하나님은 필요한 것이 있는 사람을 창조하시고 필요한 것을 공급하시는 분이다. 밥이 필요한 사람을 지으시고 하나님은 그 사람에게 밥을 주신다. 하나님은 사람에게 필요한 것들을 어떻게 주기 원하시는가? 사람의 필요를 어떤 과정을 통해 채워 주시기로 디자인하셨는가? 예수님이 가르쳐 주신 기도에서 답을 찾아보라. 마 6:11

05 성경 말씀 중에는 한 단어에 여러 의미가 들어 있는 경우가 있다. 이 기도에 나오는 '양식'도 다중의미가 있다. 1차적으로 이것은 문자적인 빵을 의미한다. 사람이 존재하는 데 필요한 것이 밥이다. 밥 알기를 우습게 아는 사람이 있을 수 있다. 그러나 그 사람도 밥을 한 달만 먹지 못하면 생사의 기로에 서게 된다. 예수님은 사람이 사람으로 살아가는데 가장 필수적인 필요인 밥을 위해 기도하라고 제자들에게 가르치셨다. 필요는 기도로 채우는 것이다. 당신은 밥을 위해 기도하는가? 당신은 당신의 필요를 위해 어떻게 기도하는가? 당신이 기도로 채움 받은 필요의 예를 함께 나누라.

06 빵을 위해, 필요를 위해 기도하는 것에 대해 주저하는 경우가 있다. 이유는 뜻밖에도 성경이다. 마태복음 6장 25절부터 33절까지를 읽어 보라. "그러므로 염려하여 이르기를 무엇을 먹을까 무엇을 마실까 무엇을 입을까 하지 말라" 이 말씀을 읽으면 밥을 위해 기도할 마음이 드는가? 오히려 이 말씀 중에 나오는 '믿음이 작은 자들아'가 자신을 두고 하는 말 같아 뜨끔할 수도 있다. 밥을 위해, 필요를 위해 기도하라는 것인가, 하지 말라는 것인가? 마 6:25-33

우리는 밥을 위해 기도해야 한다. 필요를 위해 기도해야 한다. 밥이 필요한 사람을 지으시고 그 밥을 기도를 통해 주기 원하시는 분이 하나님이시다. 마태복음 6장 25절부터 33절까지 말씀의 주제는 염려하지 말라다. 무엇을 먹을까를 염려하지 말라는 것이지 기도하지 말라는 것이 아니다. 마태복음 6장 32절의 "너희 하늘 아버지께서 이 모든 것이 너희에게 있어야 할 줄을 아시느니라"는 앞에서 공부한 대로 우리의 필요를 아시는 하나님이 우리가 기도하면 주시려고 다 예비해 놓았다는 사실을 제자들에게 알려주시며 다 준비해 놓았으니 염려하지 말고 기도하라는 것이다. 마음 편하게 밥을 구해 밥을 먹으라. 필요를 구해 채움 받으라.

07 예수님이 밥을 기도로 구해 먹으라고 하신 이유는 무엇인가? 기도로 구해 먹은 밥과 그냥 먹은 밥은 어떻게 다른가? 기도로 채움 받은 필요의 경험이 있을 것이다. 그때 어떤 마음이었는지를 묻는 것이다. 그 예를 하나 적고 그것을 함께 나누라.

08 "오늘/ 우리에게/ 일용할/ 양식을 주시옵고"라고 기도를 시키신 예수님의 뜻이 있다. 오늘의 양식, 일용할 양식은 어떻게 보면 같은 의미다. 그런데 양식 앞에 '오늘'과 '일용할'을 넣어 주신 주님의 뜻은 무엇인가? 마 6:11, 출 16:16–31, 잠 25:16

09 밥은 필요한 것이다. 밥은 좋은 것이다. 먹으면 힘이 난다. 그러나 이것은 적당하게 먹었을 때 일이다. 과하게 먹으면 탈이 난다. 사람에게 밥을 비롯한 여러 필요가 있다. "오늘/ 우리에게/ 일용할/ 양식을 주시옵고" 안에는 적당한 필요를 구하라는 의미가 들어 있다. 당신은 적당한 필요를 구하고 있는가? 당신에게 있는 것들은 당신에게 적당한가?

10 사람은 밥을 먹어야 한다. 그러나 밥만 먹고는 살 수 없다. 예수님이 사람이 떡으로만 살 것이 아니라고 하시면서 일러주신 양식은 무엇인가? 마 4:4

11 예수님은 말씀이 밥이라고 하셨다. 하나님의 입으로부터 나오는 모든 말씀이 밥이다. 성경이 밥이다. 성경을 본문으로 하는 설교가 밥이다. 예수님이 가르쳐주신 "오늘 우리에게 일용할 양식을 주시옵고"는 말씀을 구해 말씀을 밥으로 먹으라는 기도다. 말씀을 지적 탐구라는 관점으로 접근하는 사람이 있다. 이런 사람이 말씀을 통해 힘을 얻기는 어렵다. 힘은 말씀을 밥으로 먹는 자의 것이다. 당신은 말씀 밥, 설교 밥을 잘 먹고 있는가?

12 당신이 말씀밥을 얼마나 어떻게 먹고 있는지를 함께 나누라. 밥을 먹는 것은 힘을 얻어 일하기 위함이다. 말씀밥을 먹는 것도 같은 이유인가? 만약 일하지 않고 밥만 계속 먹으면 어떻게 되는가? 하나님의 말씀대로 살지는 않으면서 계속해서 성경만 읽고 성경만 연구하고 있으면 어떻게 될까?

13 요한복음 6장 31절부터 58절까지 읽으라. 여기에 또 하나의 떡이 나온다. 하늘로서 내려온 떡, 생명의 떡이 나온다. 이 떡은 무엇인가? 요 6:31-58, 고전 10:1-4, 참고도서: 『복·일·밥·쉼』 pp. 195-200

14 성찬식에도 떡이 나온다. 눅 22:19-20 이 떡은 무엇인가?

15 예수가 밥이다. 예수는 하늘로서 내려온 생명의 떡이다. 먹으면 영원히 사는 하늘 밥이다. "오늘 우리에게 일용할 양식을 주시옵고"는 예수 밥을 구해 예수 밥을 먹으라는 기도다. "오늘 우리에게 일용할 양식을 주시옵고"는 날마다 생명을 구해 생명을 받아 생명 있는 삶을 살라는 기도다. 이 의미는 무엇인가? 이것에 대한 자세한 설명은 『신앙생활설명서』를 참고하라. 참고도서: 『신앙생활설명서』 pp. 51-62

16 기운이 없는가? 힘이 떨어졌는가? 우리 함께 밥을 위해 기도하자. "하나님 우리에게 밥을 주옵소서. 오늘의 필요한 밥을 주옵소서. 오늘의 말씀을 주옵소서. 오늘의 생명을 주옵소서." 우리의 필요를 위해서 지금 함께 기도하자.

8과 기도로 과거를 지우라

읽을 말씀 마 6:12
외울 말씀 마 6:14-15

01 우리는 지금 예수님으로부터 기도를 배우는 중이다. 주기도문은 다음과 같이 나눌 수 있다. 6)이 오늘 배울 부분이다. 주기도문을 암송하고 시작하자. 마 6:9-13

  1) 하늘에 계신 우리 아버지여
  2) 이름이 거룩히 여김을 받으시오며
  3) 나라가 임하시오며
  4) 뜻이 하늘에서 이루어진 것 같이 땅에서도 이루어지이다.
  5) 오늘 우리에게 일용할 양식을 주시옵고
  6) 우리가 우리에게 죄 지은 자를 사하여 준 것 같이 우리 죄를 사하여 주시옵고
  7) 우리를 시험에 들게 하지 마시옵고
  8) 다만 악에서 구하시옵소서
  9) 나라와 권세와 영광이 아버지께 영원히 있사옵나이다. 아멘

02 오늘 우리가 공부할 본문을 평행 본문인 누가복음 11장 4절로 읽으면 "우리가 우리에게 죄 지은 모든 사람을 용서하오니 우리 죄도 사하여 주시옵고"다. 여기 나오는 죄는 이미 지은 죄. 이미 다른 사람이 우리에게 지은 죄고 이미 우리가 지은 죄 곧 우리의 과거다.

예수님은 이 과거를 어떻게 하라고 하시는가?

03 이 기도를 가르쳐주신 예수님의 뜻은 "기도로 과거를 지금 지우라는 것"이다. 예수님은 제자들에게 과거의 죄를 기도로 지우라고 하시며 그 방법을 구체적으로 가르쳐주셨다. 그것이 무엇인가? 마 6:12

04 우리가 우리에게 죄 지은 자를 사하여 주는 것은 용서 기도고 우리 죄를 사하여 주시옵고는 회개 기도다. 조현삼 목사의 『신앙생활설명서』 회개와 용서 편 '나에게는 죄를 없애는 하늘나라 카드가 있다'를 읽고 받은 은혜를 함께 나누라. 참고도서: 『신앙생활설명서』 pp. 207-262

05 왜 예수님은 제자들에게 기도를 가르치시면서 용서와 회개를 기본으로 넣어주셨을까? 사람에게 밥이 필요한 것처럼 우리에게는 용

서와 회개도 필요하다. 죄가 없어야 하나님의 나라가 이루어진다. 어떻게 하면 죄 없는 인생을 살 수 있는가?

06 지은 죄가 없어 죄 없이 살 수는 없지만 죄를 용서와 회개로 없애고 죄 없이 살 수는 있다. 하나님이 예수를 믿는 당신에게 '우리가 우리에게 죄 지은 자를 사할 수 있는 권세'를 주셨다. 당신에게 이 카드가 있는지부터 확인하라. 요한복음 20장 23절을 여기 적고 열 번을 읽어보라. 요 20:23

07 예수님이 가르쳐주신 기도를 통해 우리는 용서는 기도로 한다는 중요한 사실을 배웠다. 용서 기도의 예를 성경에서 찾아보라.

1) 눅 23:34

2) 행 7:59-60

08 당신은 용서가 쉬운가, 어려운가? 용서는 어렵다. 그래서 예수님은 용서 기도를 가르쳐주셨다. 용서 기도는 그저 마음으로 내가 내게 죄 지은 사람을 용서해 주는 수준을 넘어 하나님께 그의 죄를 용서해 달라고 기도하는 데까지 나간다. 우리에게 죄 지은 사람을 향해 용서하려고 애쓰기보다 하나님께 용서 기도를 하라. 그리고 용서를 선포 하라. 잠깐 공부하던 것을 멈추고 용서 기도를 함께 하자.

09 용서하면 추억으로 남고 용서하지 않으면 상처로 남는다. 당신 안에 상처가 있다면 그것은 당신이 당신에게 죄 지은 자를 사하지 않았다는 증거일 수 있다. 상처 치료비는 용서 카드로 결제하라. 그리고 이렇게 선포하라. 나는 나를 위해 너를 용서한다. 지금 용서하라. 용서 기도를 통해 용서한 것이 나눌 수 있는 범위 안의 내용이라면 이 자리에서 용서를 공표하라.

10 용서에도 기술이 필요하다. 때로는 용서와 용서의 적용은 시차를 둘 필요도 있다.『신앙생활설명서』안에 있는 다른 사람이 내게 지은 죄를 없애는 용서카드 사용설명서를 읽고 그것을 통해 배운 용서의 기술 핵심 세 가지를 적어보라. 사 43:25, 참고도서 『신앙생활설명서』 pp. 207-262

11 예수님은 제자들에게 "우리 죄를 사하여 주시옵고" 이렇게 기도하라고 했다. 자신이 지은 죄를 회개하는 기도를 하라는 것이다. 회개는 어떻게 하는가? 회개의 지정의知情意는 무엇인가? 참고도서 『신앙생활설명서』 pp. 221-222

1) 회개의 지적 요소

2) 회개의 정적 요소

3) 회개의 의지적 요소

12 회개하면 어떻게 되는가? 요한일서 1장 9절을 여기 쓰고 열 번을 읽어 보라. 요일 1:9

13 하나님께 회개하는 것으로 끝인 죄도 있고 하나님께 회개하고 당사자에게도 사과나 배상을 해야 하는 죄도 있다. 이것을 잘 구분하는 것이 지혜다. 『신앙생활설명서』에서 속죄카드 속건카드를 읽고 당신은 이 둘을 어떻게 구분하는지 함께 나누라. 참고도서『신앙생활설명서』 pp. 224-225

14 회개한 죄가 또 생각날 때는 어떻게 해야 하는가? 롬 8:33-34, 참고도서 『신앙생활설명서』 pp. 227-234

15 우리가 회개한 죄를 용서 받았음을 우리는 어떻게 알 수 있는가? 우리가 용서받은 근거는 감정이 아니다. 그럼 무엇인가? 사 44:22, 미 7:18-19

---

16 예수님이 가르쳐주신 기도 "우리가 우리에게 죄 지은 자를 사하여 준 것 같이 우리 죄를 사하여 주시옵고"에서 보듯이 순서는 용서와 회개다. 12절에서 이렇게 기도하라고 하신 예수님은 14절과 15절에서 더욱 강한 어조로 이것을 강조하셨다. 이 말씀을 읽고 어떤 마음이 드는가? 마 6:14-15

> 너희가 사람의 잘못을 용서하면 너희 하늘 아버지께서도 너희 잘못을 용서하시려니와 너희가 사람의 잘못을 용서하지 아니하면 너희 아버지께서도 너희 잘못을 용서하지 아니하시리라. 마 6:14-15

---

17 예수님이 여기서만 이렇게 말씀하신 것이 아니다. 마태복음 18장 21절부터 35절까지 말씀을 읽어 보라. 거기서도 예수님은 우리에게 용서를 아주 강한 어조로 강조하셨다. 우리는 예수님이 강조하시는 강도보다 훨씬 용서를 약하게 생각하고 있는지 모른다. 회개 기도

는 익숙해도 용서 기도는 생소하다. 예수님의 이 말씀을 당신은 어떻게 받아들이는가?

_____
_____
_____
_____

18 용서 기도를 중간에 했으니 이제는 우리에게 죄 지은 자를 사하여 준 것 같이 우리 죄를 사하여 주시기를 기도하자. 기도로 우리의 과거를 지금 지우자.

_____
_____
_____
_____

9과 기도로 미래의 죄를 예방하라

읽을 말씀 마 6: 13
외울 말씀 고전 10:13

01 우리는 지금 예수님으로부터 기도를 배우는 중이다. 주기도문은 다음과 같이 나눌 수 있다. 7)이 오늘 배울 부분이다. 주기도문을 암송하고 시작하자. 마 6:9-13

1) 하늘에 계신 우리 아버지여
2) 이름이 거룩히 여김을 받으시오며
3) 나라가 임하시오며
4) 뜻이 하늘에서 이루어진 것 같이 땅에서도 이루어지이다.
5) 오늘 우리에게 일용할 양식을 주시옵고
6) 우리가 우리에게 죄 지은 자를 사하여 준 것 같이 우리 죄를 사하여 주시옵고
7) 우리를 시험에 들게 하지 마시옵고
8) 다만 악에서 구하시옵소서
9) 나라와 권세와 영광이 아버지께 영원히 있사옵나이다. 아멘

02 예수님은 제자들에게 "우리를 시험에 들게 하지 마시옵고" 이렇게 기도하라고 가르치셨다. 시험이란 무엇인가?

_____
_____

개역개정판 성경에 '시험'으로 번역된 헬라어 단어는 '페이라조'와 '도키마조'이다. 헬라어 '페이라조'는 '시련하다, 시험하다, 유혹하다'라는 의미를 지니고 있다. 이 단어는 사람에 관하여는 어떤 사람을 시험하고 검사하고 조사하고 연구해서 그가 어떤 사람인지를 알아낸다는 의미로 사용된다. 또한 이 단어는 어떤 불순한 목적을 가지고 사람을 유혹할 때도 사용되었다. 마귀가 예수님을 시험할 때, 바리새인들과 서기관들이 예수님을 시험할 때가 여기에 해당한다.

헬라어 '도키마조'는 비슷한 의미인데 시험으로 입증하는 것 곧 분별이라는 의미가 강하다. 에베소서 5장 10절의 "주를 기쁘시게 할 것이 무엇인가 시험하여 보라"에서 시험이 여기 해당한다. 이 단어는 요한일서 4장 1절 "영을 다 믿지 말고 오직 영들이 하나님께 속하였나 분별하라"에서와 같이 분별로 번역되기도 했다.

03 예수님이 가르쳐주신 "우리를 시험에 들게 하지 마시옵고"에 나오는 시험은 이 단어의 여러 의미 중 '유혹'의 의미로 쓰였다. 유혹에 빠지지 않게 해달라는 기도다. 유혹에 넘어가면 어떻게 되는가? 창 3:1-8

유혹을 받는 것 자체는 죄가 아니다. 예수님도 시험을 받으셨지만 죄가 없으시다. 히 4:15 그러나 유혹에 넘어가면 죄다. 마치 성욕 자체는 죄가 아니지만 그것이 결혼이라는 담을 넘으면 죄가 되는 것과 같다. 유혹에 넘어간 결과가 죄다. "유혹에 빠지지 않도록 기도하라"는 예수님의 가르침은 "죄 짓지 않도록 미리 기도하라"는 가르침이다.

04 용서와 회개로 과거에 지은 죄를 없애게 하신 예수님은 다시 죄가 생기지 않도록, 곧 죄 짓지 않기를 위해 기도하라고 가르치셨다. 죄 예방 기도다. 과거의 죄는 용서와 회개로 없애고 미래의 죄는 죄 예방 기도로 없애라는 가르침이다. 우리는 왜 죄 예방 기도를 해야 하는가? 당신은 죄 예방 기도를 어떻게 하고 있는가?

---

05 시험은 누가 받는가? 유혹은 누가 받는가?

---

06 시험은 누가 하는가? 유혹은 누가 하는가? 마 4:1-3, 고전 7:5, 살전 3:5, 마 16:1, 눅 10:25

---

07 하나님은 사람을 시험하시는가, 하지 않으시는가? 약 1:13, 출 20:20, 창 22:1, 히 11:17

08 하나님은 사람을 시험하지 않으신다. 하나님은 사람을 시험하신다. 둘 다 맞는 말이다. 우리말 표현은 같은 '시험'이지만 그 안에 있는 의미 중에 있는 '유혹'을 기준으로 하면 하나님은 사람을 시험 Temptation하지 않으신다. 그러나 시험이라는 단어 안에 있는 다른 의미를 기준으로 하면 하나님은 아브라함을 시험하신 것처럼 사람을 시험test하신다. 성경은 하나님이 하시는 이런 시험은 우리에게도 하라고 하신다. 그것이 어떤 것인가? 딤전 3:10, 갈 4:14, 고후 13:5

09 하지 말아야 할 시험도 있다. 그것이 무엇인가? 고전 10:9, 마 4:7, 행 5:9

10 마귀의 시험 전략이 무엇인지 예수님을 시험한 경우를 가지고 살펴보라. 마4:1-11

1) 마귀가 예수님을 시험한 때는 언제인가? 그때 예수님은 어떤 상태였는가?

2) 마귀는 예수님을 어떻게 호칭했는가? 만일의 의미는 무엇인가?

3) 예수님을 유혹하며 마귀가 제시한 세 가지는 인간의 어떤 본성을 자극하는 유혹인가?

4) 마귀가 예수님을 유혹하며 하라고 한 것은 예수님이 다 하실 수 있는 것들이었다. 그런데 예수님은 하나도 그 말대로 하지 않았다. 왜 그러셨을까?

5) 마귀가 예수님을 시험할 때 말씀 시 91:2을 이용한 것에 대해 어떻게 생각하는가?

6) 예수님이 마귀의 유혹을 이기셨다. 무엇으로 이기셨는가?

11 마귀가 그리스도인들을 시험하는 이유는 무엇인가?

하나님의 자녀 된 우리를 자기 종으로 삼아 망하고 불행하게 하기 위함이다. 마귀의 종이 되면 망한다. 사탄의 말을 들으면 불행해진다. 예수님을 시험할 때 사기꾼이 처음에 하는 말처럼 사탄은 자기 말을 들으면 잘 될 것이고 행복할 것이라고 유혹한다. 자기 말을 들으면 배부를 것이고 유명해질 것이고 부자 될 것이라고 유혹한다. 그러나 결과는 반대다. 사기꾼과 사탄은 이런 면에서 많이 닮았다. 또한 마귀는 이 땅에 하나님의 나라가 이루어지고 하나님의 뜻이 이루어지는 것을 방해하려고 우리를 유혹한다. 마귀는 이 땅에 자기 나라를 건설해 자기 뜻을 펼치려고 한다.

12 사탄의 시험은 하나님의 통치 영역 밖의 일인가? 욥 1:6-12, 참고 고전 10:13

13 시험에 들지 않으려면 어떻게 해야 하는가?

1) 마 6:13

2) 막 14:32-40

3) 고전 7:5

14 우리가 시험 당할 때 하나님은 어떻게 하시는가? 고전 10:13, 계 3:10, 히 2:18, 막 1:13

15 시험 당할 때 우리는 어떻게 해야 하는가? 약 1:1-18, 5:11

1) 온전히 기쁘게 여기라. 왜 기쁘게 여겨야 하는가? 약 1:2, 벧전 1:6

2) 약 1:3-4a 믿음으로 인내하라. 왜 인내해야 하는가? 약 1:4

3) 시험을 이기기 위해서는 지혜가 필요하다. 어떻게 지혜를 얻는가? 약 1:5-6

4) 부하려고 애쓰지 말고 부한 것을 자랑하지 말라. 풀의 꽃과 같이 지나간다. 약1:9-11

5) 시험을 참는 자신에게 무슨 말을 해줘야 하는가? 약1:12

6) 하나님께 서운한 마음 갖지 말라. 하나님 탓으로 돌리지 말라. 약 1:13-16

7) 시험을 당할 때 어떤 하나님을 묵상해야 하는가? 약 1:17-18

8) 욥의 결말을 묵상하라. 욥의 결말이 무엇인가? 약 5:11, 벧전 1:6

16 예수님이 가르쳐주신대로 기도로 미래의 죄를 예방하자. 또한 우리는 시험을 당할 때마다 이 기도를 해야 한다.

10과 기도로 미래의 불안요소를 제거하라

읽을 말씀 마 6:13, 마 6:25-34
외울 말씀 시 97:10

01 우리는 지금 예수님으로부터 기도를 배우는 중이다. 주기도문은 다음과 같이 나눌 수 있다. 8)이 오늘 배울 부분이다. 주기도문을 암송하고 시작하자. 마 6:9-13

   1)하늘에 계신 우리 아버지여
   2)이름이 거룩히 여김을 받으시오며
   3)나라가 임하시오며
   4)뜻이 하늘에서 이루어진 것 같이 땅에서도 이루어지이다.
   5)오늘 우리에게 일용할 양식을 주시옵고
   6)우리가 우리에게 죄 지은 자를 사하여 준 것 같이 우리 죄를 사하여 주시옵고
   7)우리를 시험에 들게 하지 마시옵고

   8)다만 악에서 구하시옵소서

   9)나라와 권세와 영광이 아버지께 영원히 있사옵나이다. 아멘

02 예수님이 가르쳐 주신 기도에서 "우리를 시험에 들게 하지 마시옵고"와 "악에서 구하시옵소서"는 '다만'으로 연결되어 있다. '다만'은 어떤 의미로 쓰인 것인가?

   _____
   _____

'다만'에 해당하는 헬라어 단어의 뜻에는 '그러나, 또한, 도리어 등'의 의미가 있다. 여기서는 '또한'이란 의미로 사용되었다.

03 예수님은 제자들에게 "시험에 들게 하지 마시옵고"라고 기도하라고 한 후에 이어서 "다만 악에서 구하시옵소서"라고 기도하라고 하셨다. 어떻게 보면 같은 기도인 것 같다. 예수님이 이 짧은 기도문 안에서 거의 반복에 가까운 내용으로 이렇게 기도하라고 하신 이유는 무엇인가?

04 예수님이 가르쳐주신 기도는 짧다. 짧지만 기도에 필요한 요소들을 다 담고 있다. 예수님만이 하실 수 있는 가르침이다. 이 짧은 기도문에 죄와 관련된 것이 차지하는 비중은 얼마나 되는가? 마 6:9-11

05 예수님이 가르쳐 주신 기도의 1/3 이상이 죄와 관련된 기도다. 이 사실이 당신에게 주는 메시지는 무엇인가?

---

06 성경을 죄를 중심으로 읽어보라. 그 비중도 예수님이 가르쳐주신 기도문에서 죄가 차지하는 비중과 별반 다르지 않다. 왜 하나님은 성경을 통해 죄 문제를 이렇게 많이 다루시는가? 그 이유 역시 예수님이 제자들에게 기도를 가르치시며 죄 문제를 비중 있게 다루신 것과 별반 다르지 않다. 예수님이 죄 문제를 이렇게 비중 있게 다루신 이유는 무엇인가?

우리의 인생은 죄와 밀접한 관계가 있다. 죄의 유무가 행복과 불행을 가르고 천국과 지옥을 가른다. 천국에 죄인은 못 간다. 천국은 의인만 간다. 죄인은 지옥 간다. 그래서 예수님은 죄인인 우리를 불러 의인 삼아 주셨다. 우리의 의가 아닌 예수 그리스도의 의로 우리를 의인이라 칭해 주셨다. 그 의로 우리는 죽은 후에 의인 만이 갈 수 있는 나라, 천국에 들어간다.

이 세상에 사는 동안 우리는 죄가 있으면 불행하고 죄가 없으면 행복하다. 죄가 있으면 지옥을 경험하고 죄가 없으면 천국을 경험한다. 이것은 당장 우리의 마음을 통해서도 확인이 가능하다.

07 당신이 죄 가운데 있을 때 당신의 마음은 지옥인가, 천국인가? 죄를 품은 채로 이 땅에서 천국을 사는 것이 가능한가? 죄 가운데서 평안을 누리고 자유를 누리고 만족을 누릴 수 있는가?

---

08 하나님의 뜻은 당신이 이 세상에서도 천국을 경험하며 사는 것이다. 이 하나님의 뜻은 예수님이 가르쳐주신 기도문을 통해서도 그대로 드러난다. 죄가 없어야 천국이다. 예수님이 제자들에게 기도를 가르치시면서 죄 문제를 해결하는 것에 이렇게 비중을 많이 두신 이유도 바로 이 때문이다. 당신은 당신을 이렇게 사랑하셔서 당신의 행복을 위해 죄 문제를 해결하라는 예수님의 마음이 느껴지는가? 죄는 심각한 문제고 긴급히 해결해야 할 문제라고 느껴지는가? 그렇다면 이렇게 느끼고 당신이 한 일은 무엇인가?

---

09 기도로 과거의 죄를 지우고 오늘을 살다보면 "미래에 죄를 지으면 어떻게 하나"하는 불안한 마음이 들 때가 있다. 우리의 본성 안에는 음행과 온갖 더러운 것과 탐욕이 있다. 이 본성은 지금 예수로 덮여 있고 성령으로 덮여 있어 보이지 않고 드러나지 않았을 뿐이지

우리 안에 존재한다. 언제 이 음행과 온갖 더러운 것과 탐욕이 발현되어 사고로 이어질지 모른다. 이런 불안감이 우리에게 있다. 이것을 어떻게 할 것인가? 그저 '나이 들어 욕심이 올라와 망가지면 어쩌지, 어쩌지'하다 이런 미래를 몸으로 맞아야 하는가? 이런 우리를 위해 예수님이 가르쳐주신 미래의 불안 요소를 제거하는 방법이 있다. 그것이 무엇인가? 마 6:13

---

10 "다만 악에서 구하시옵소서"에서 악은 무엇인가?

'악'에 해당하는 헬라어는 '포네로스'인데 '나쁜 상태에 있는, 병든, 바쁜, 악한, 사악한 등'의 의미가 있다. 고전 헬라어에서는 '불행한'이란 의미로도 사용되었다. 여기서 사용된 악은 선과 악이라고 할 때 선에 대비되는 바로 그 악이다. "다만 악에서 구하시옵소서"에 나오는 악은 '악한 자'로 해석할 수도 있고 '악'으로 해석할 수도 있다. 그 이유는 이 단어에 앞에 붙은 관사는 남성도 되고 중성도 되기 때문이다. 남성이면 악한 자가 되고 중성이면 악이 된다.

11 "다만 악에서 구하시옵소서"에서 '구하시옵소서'는 '구출하다, 구

해내다, 보존하다, 구하다'라는 의미가 있다. 이 기도는 하늘에 계신 아버지께 무엇을 구하는 것인가?

12 우리가 사는 세상에는 악한 자가 있다. 성경에 '시험하는 자'로 기록된 마귀가 있다. 이 악한 자는 지금 무엇을 획책하고 있는가? 벧전 5:7-9

13 마귀가 있다는 말을 듣고 불안해하고 두려워하는 사람이 있을 수 있다. 마귀를 두려워하지 말라. 하나님은 마귀가 있는 세상을 사는 우리를 어떻게 하시겠다고 약속하셨는가? 베드로전서 5장 7절부터 9절 말씀을 다시 한 번 읽어보라. "그가 너희를 돌보심이라"가 보이는가? 그가 누구인가?

14 마귀를 두려워하지 말아야 하는 이유는 하나님이 우리 아버지이시기 때문이다. 하나님은 어떤 분이신가? 우리가 홀로 마귀를 상대하

면 그에게 당할 수 있지만 우리 아버지 하나님과 함께라면 우리는 능히 마귀를 이길 수 있다. 성경은 우리에게 마귀를 어떻게 하라고 하는가? 벧전 5:7-9, 약 4:7-8

15 성경에는 장절을 일일이 적을 수 없을 만큼 자주 하나님이 우리를 도우실 것과 우리를 지키실 것과 우리를 보호하실 것이 기록되어 있다. 당연히 하나님은 우리를 악한 자로부터도 도와주시고 지켜주시고 보호해 주실 것이다. 그런데 예수님은 제자들에게 "악에서 구하시옵소서"라고 기도하라고 하셨다. 예수님은 이 당연한 것을 왜 당신에게 구하라고 하시는가?

16 하나님은 밥이 필요한 사람을 지으시고 그에게 밥을 준비하셨다. 하나님은 준비하신 밥을 우리에게 무엇을 통해 주시길 원하시는지는 앞에서 배웠다. 우리는 하나님의 보호가 필요하다. 하나님은 우리를 보호하시기 원하신다. 하나님은 보호를 무엇을 통해 해주시기 원하시는가? 마 6:13 2과의 12번 문제를 다시 한번 풀어보라.

17 "우리를 시험에 들게 하지 마시옵고 다만 악에서 구하시옵소서"는 시험을 당한 상황에서 하면 오늘의 기도지만 일반적으로는 미래를 위한 기도다. 미래의 죄를 사전에 예방하는 기도고 미래의 불안 요소를 사전에 제거하는 기도다. 기도로 우리의 미래의 불안 요소를 함께 제거하자.

11과 하나님의 영광을 위해서 기도하라

읽을 말씀 마 6:13
외울 말씀 사 43:7

01 우리는 지금 예수님으로부터 기도를 배우는 중이다. 주기도문은 다음과 같이 나눌 수 있다. 9)가 오늘 배울 부분이다. 주기도문을 암송하고 시작하자. 마 6:9-13

   1) 하늘에 계신 우리 아버지여
   2) 이름이 거룩히 여김을 받으시오며
   3) 나라가 임하시오며
   4) 뜻이 하늘에서 이루어진 것 같이 땅에서도 이루어지이다.
   5) 오늘 우리에게 일용할 양식을 주시옵고
   6) 우리가 우리에게 죄 지은 자를 사하여 준 것 같이 우리 죄를 사하여 주시옵고
   7) 우리를 시험에 들게 하지 마시옵고
   8) 다만 악에서 구하시옵소서
   9) 나라와 권세와 영광이 아버지께 영원히 있사옵나이다. 아멘

02 "(나라와 권세와 영광이 아버지께 영원히 있사옵나이다. 아멘)"에는 다른 기도와 달리 괄호가 있다. 그 이유는 무엇인가?

_____
_____
_____

성경을 읽다보면 가끔씩 이렇게 괄호 표시가 있다. 참고 요 4:2, 5:3-4, 롬 3:5 이 표시는 어떤 사본에는 이 괄호 안의 내용이 없는 경우가 있다는 표시다. 예수님이 가르쳐주신 기도 중에 송영도 어떤 사본에는 없는 경우가 있다. 그렇다고 이것은 성경이 아니라는 의미는 아니다. 우리는 이 송영도 예수님이 가르쳐주신 기도의 한 부분으로 받아들이고 "나라와 권세와 영광이 아버지께 영원히 있사옵나이다. 아멘"이라고 기도한다.

03 주기도문의 송영은 세 부분으로 구성되어 있다. 그것이 무엇인가?

_____
_____
_____
_____

04 "나라가 아버지께 영원히 있사옵나이다"는 어떤 의미인가?

_____
_____
_____

예수님은 제자들에게 나라가 하늘 아버지의 것이며 그 나라가 영원하기를 기도하라고 하셨다. 요한은 계시록을 통해 "세상 나라가 우리 주와 그의 그리스도의 나라가 되어 그가 세세토록 왕 노릇 하시리로다"계 11:15라고 하나님을 찬양했다. 우리는 세상 나라가 다 하나님의 나라임을 선포하고 세상 모든 나라가 하나님의 나라가 되어 그들 스스로도 이것을 인정하고 고백하는 날이 오기를 기도해야 한다. 또한 우리는 하나님 나라의 임하심과 더불어 하나님의 나라가 영원하기를 기도해야 한다.

05 우리가 기도하지 않아도 나라는 하나님의 것이고 하나님의 나라는 영원하다. 단 7:14 그런데 우리에게 이것을 위해 기도하라고 하신 예수님의 뜻은 무엇인가?

....
....
....
....
....

06 예수님은 제자들에게 기도를 가르치시면서 하나님을 위해 기도하라고 하셨다. 송영에서 예수님은 이것을 다시 한 번 강조하시며 제자들에게 하나님을 위해 기도할 것을 가르치고 계신 것이다. 거듭 말하고 반복하는 것은 그만큼 중요하기 때문이다. 당신은 하나님의 나라가 영원하기를 위해 언제 어떻게 기도하고 있는가?

....
....
....
....
....

07 하나님의 나라가 영원할 것이라는 이 기도를 드릴 때 당신의 심정은 어떤가? 당신은 예수를 믿음으로 영생을 얻은 사람이다. 이 영원한 하나님의 나라와 영생을 얻은 당신은 어떤 관계가 있는가? 딤후 2:11-12, 계 22:5, 요 6:47-48

08 "권세가 아버지께 영원히 있사옵나이다"는 어떤 의미인가?

09 권세는 무엇인가? 권세는 주권이다. 예수님은 주권이 하나님 아버지께 있음을 인정하고 그것이 영원할 것을 기도하라고 가르치신 것이다. 당신은 범사에 주권이 하나님께 있음을 인정하고 실행하고 있는가? 당신의 인생에서 주권자는 누구인가? 당신의 가정에서 주권자는 누구인가? 우리 교회에서 주권자는 누구인가? 우리나라의 주권자는 누구인가? 눈에 보이는 권세자도 있지만 눈에 보이지 않는 권세자가 계시다. 그 분이 하나님이신가?

10 권불십년權不十年이란 말이 있다. 세상의 권세는 오래가지 못한다. 하늘을 찌를 것 같은 권세자도 몇 년이 지나면 힘을 잃고 권좌에서 내려온다. 예수님은 제자들에게 권세가 아버지께 영원히 있기를 기도하라고 하셨다. 하나님은 잠시 잠깐 있다 사라지는 주권자가 아니라 영원한 주권자이시다. 하나님의 권세는 영원하다. 우리는 날마다 권세가 아버지께 영원히 있음을 기도해야 한다. 우리가 이 기도를 할 때 얻는 유익이 무엇인가? 단 7:18, 롬 8:17, 막 6:7, 요 1:12, 계 2:26

11 "영광이 아버지께 영원히 있사옵나이다"는 어떤 의미인가?

12 이 역시 하나님을 위해 기도하라는 것이다. 예수님은 제자들에게 영광은 아버지의 것임을 인정하고 하나님 아버지께 그 영광이 영원히 있을 것을 위하여 기도하라고 가르치신 것이다. 당신은 하나님의 영광을 위하여 언제 어떻게 기도하고 있는가?

---

13 예수님은 제자들에게 기도를 가르치시며 그 마무리를 하나님께 영광으로 하셨다. 우리가 이미 앞에서 함께 나눈 것처럼 예수님이 제자들에게 기도를 가르쳐주실 때 시작 역시 하나님께 영광이었다. 예수님은 제자들에게 왜 기도의 시작과 끝을 하나님께 영광으로 가르치셨는가?

---

14 영광은 하나님이 사람을 지으신 목적이다. 하나님은 "내 이름으로 불려지는 모든 자 곧 내가 내 영광을 위하여 창조한 자를 오게 하라"며 "그를 내가 지었고 그를 내가 만들었다"사 43:7고 선언하셨다. 또한 "이 백성은 내가 나를 위하여 지었나니 나를 찬송하게 하려 함이니라"사 43:21고 힘주어 말씀하셨다. 바울은 "그런즉 너희가 먹든지 마시든지 무엇을 하든지 다 하나님의 영광을 위하여 하라"고전 10:31고

했다. 하나님의 영광은 우리가 지음 받은 목적이고 우리 삶의 목적이고 중심이다. 우리가 기도하는 것 역시 하나님의 영광을 위해서다. 당신의 기도에는 하나님을 위한 기도가 있는가? 당신이 기도하는 목적은 하나님의 영광을 위해서인가? 당신이 기도하는 가장 큰 이유는 하나님의 영광인가?

15 예수님이 제자들에게 가르쳐주신 기도는 '아멘'으로 끝을 맺고 있다. 아멘은 '진실로'라는 의미다. 구약을 기록한 히브리어 아멘의 음역이다. 예수님이 "내가 진실로 진실로 내가 너희에게 이르노니" 요 13:21라고 하실 때 여기 나오는 '진실로 진실로'가 헬라어로 보면 '아멘 아멘'이다. 아멘은 "참으로 그렇다"는 동의의 고백과 "그렇게 되기를 바란다"는 소망이 담긴 표현이다. 당신은 하나님의 말씀에 아멘 하는가? 당신은 하나님께 드리는 기도에 아멘 하는가?

16 우리 다함께 하나님의 나라와 권세와 영광을 위하여 기도하자.

12과 기도로 과거를 지우고 미래의 불안 요소를 제거하고 오늘을 살라

읽을 말씀 마 6:9-13
외울 말씀 마 6:34

01 우리는 지금 예수님으로부터 기도를 배우는 중이다. 주기도문은 다음과 같이 나눌 수 있다. 오늘은 1)부터 9)까지를 총 정리 하려고 한다. 주기도문을 암송하고 시작하자. 마 6:9-13

1) 하늘에 계신 우리 아버지여
2) 이름이 거룩히 여김을 받으시오며
3) 나라가 임하시오며
4) 뜻이 하늘에서 이루어진 것 같이 땅에서도 이루어지이다.
5) 오늘 우리에게 일용할 양식을 주시옵고
6) 우리가 우리에게 죄 지은 자를 사하여 준 것 같이 우리 죄를 사하여 주시옵고
7) 우리를 시험에 들게 하지 마시옵고
8) 다만 악에서 구하시옵소서
9) 나라와 권세와 영광이 아버지께 영원히 있사옵나이다. 아멘

02 예수님이 가르쳐주신 기도를 통해 우리는 무엇을 위해 기도해야 하는지를 배웠다. 그것을 정리해 보라. 마 6:9-13

_____
_____
_____

03 예수님이 가르쳐주신 기도의 전반부는 하나님을 위한 기도다. 마 6:9-10

1) 하나님의 이름을 위한 기도는 무엇을 위해 기도하라는 것인가?

2) 하나님의 나라를 위한 기도는 무엇을 위해 기도하라는 것인가?

3) 하나님의 뜻을 위한 기도는 무엇을 위해 기도하라는 것인가?

04 하나님을 위해 당신이 하고 있는 기도를 당신의 말로 적어보라.

1) 하나님의 이름을 위한 당신의 기도

2) 하나님의 나라를 위한 당신의 기도

3) 하나님의 뜻을 위한 당신의 기도

05 예수님이 가르쳐주신 기도의 후반부는 우리를 위한 기도다. 예수님이 우리를 위해 기도하라고 하신 내용들은 구체적으로 무엇인가?

1) 양식을 위한 기도는 무엇을 위해 기도하라는 것인가?

2) 과거의 죄를 위한 기도는 무엇을 위해 기도하라는 것인가?

3) 미래의 죄를 위한 기도는 무엇을 위해 기도하라는 것인가?

06 예수님이 가르쳐주신 기도 속에는 과거와 현재와 미래를 위한 기도가 다 들어 있다. 하나님은 우리에게 기도를 통해 과거와 현재와 미래를 오가며 과거를 철거할 수도 있고 오늘을 건축할 수도 있고 미래를 설계할 수도 있도록 하셨다. 우리는 기도를 통해 과거를 지울 수도 있고 현재를 그릴 수도 있고 미래의 불안 요소를 제거할 수 있다. 우리는 과거 때문에 괴로워하는 대신 그 괴로운 과거를 통째로 편집해 버릴 수 있다. 당신은 이 기도의 능력을 어떻게 사용하고 있는가?

예수님이 가르쳐주신 기도에 사용된 동사의 시제는 대부분 단순과거(Aorist)다. 한국성서연구소 Aorist는 '규정된'의 반대 의미를 갖고 있다. 'Aorist'라는 말 자체에 '과거'라는 의미는 포함되어 있지 않다. Aorist는 동사의 양상이 진행인지 반복인지 혹은 완료된 것인지 등이 규정되어 있지 않다는 의미다. (장성민, "헬라어 문법 지상 특강을 시작하면서", 「성서마당」 통권 81호(2007), p.102.)

07 당신이 현재와 과거와 미래를 위해 하고 있는 기도를 적어보라.

1) 현재를 위한 기도

2) 과거를 위한 기도

3) 미래를 위한 기도

08 예수님이 가르쳐주신 우리 자신을 위한 기도의 순서는 현재 과거 미래 순이다. 예수님은 현재를 먼저 기도하라고 하고 다음에 과거 그리고 미래를 위해 기도하라고 하셨다. 이 순서에는 어떤 의미가 있다고 생각하는가?

09 하나님은 우리의 오늘을 중요하게 여기신다. 마 6:34 우리는 현재를 살아야 한다. 안타깝게도 오늘을 살지 못하는 사람들이 있다. 과거에 시달리며 미래를 두려워하며 하루하루를 보낸다. 예수님은 우리가 오늘을 살기 위해서는 과거의 줄을 끊어야 하고 우리를 불안하게 하는 미래를 평안으로 바꾸야 함을 아셨다. 예수님은 제자들에

게 이것이 기도로 가능하다는 중요한 사실을 알려 주셨다. 오늘을 살기 원하면 우리는 예수님이 가르쳐주신대로 기도로 과거의 줄을 끊고 미래의 불안요소를 제거해야 한다. 당신은 오늘이 있는 삶을 사는가? 당신이 살고 있는 오늘을 적고 그것을 함께 나누라.

---

10 예수님은 기도를 마무리 하면서 다시 한 번 하나님을 위해 기도하라고 하셨다. 구체적으로 무엇을 위해 기도하라고 하셨는가? 마 6:13

---

11 하나님의 나라와 권세와 영광을 위해서 기도하라고 하셨다. 예수님이 제자들에게 이 기도를 가르치실 때 하나님의 나라와 권세와 영광은 누구에게 있었는가? 단 7:13-14, 마 28:18, 눅 19:17, 요 1:12, 고후 10:8, 유 1:25

---

12 하나님은 나라와 권세와 영광을 예수님에게 주셨다. 하나님을 위해 기도하라는 예수님의 가르침은 곧 예수님을 위해 기도하라는 것이

기도 하다. 우리는 하나님을 위하여 또한 예수님을 위하여 기도해야 한다. 당신이 예수님을 위해 하고 있는 기도를 적으라.

1) 예수님의 나라를 위한 당신의 기도

2) 예수님의 권세를 위한 당신의 기도

3) 예수님의 영광을 위한 당신의 기도

13 예수님에게 기도를 배운 후에 당신의 기도에 나타난 변화는 무엇인가? 그것을 적고 함께 나누라.

14 예수님에게 기도를 배운 후에 당신의 삶에 나타난 변화는 무엇인가? 그것을 적고 함께 나누라.

15 예수님이 가르쳐주신 기도를 기도의 뜻과 의미를 새기면서 천천히 함께 기도하자. 한 소절을 기도한 후에 잠시 그 의미를 새기는 시간을 갖고 또 한 소절을 하는 방식으로 기도하자.

13과   너희는 쉬지 말고 항상 범사에 기도하라

읽을 말씀 살전 5:17
외울 말씀 살전 5:16–18

THE LORD'S PRAYER

01 예수님은 제자들에게 "이렇게 기도하라"고 하시며 기도의 내용을 가르쳐 주셨다. 이 기도는 언제 얼마나 해야 하는가? 성경은 기도를 언제 얼마나 하라고 가르치는가? 살전 5:17

02 성경의 가르침은 간단명료하다. "쉬지 말고 기도하라." 이 말씀에서 (이 명령의 앞뒤 말씀인 16절과 18절을 참고하면) 기도의 시간은 '항상'이고 기도의 범위는 '범사'다. 사람이 쉬지 않고 기도하는 것이 가능한가? 이 말씀을 읽고 숨이 탁 막히기도 한다. 이것이 가능할까? 우리는 이것에 대한 답을 하기 전에 기도가 무엇인지 살펴보려고 한다. 쉬지 않고 항상 범사에 기도하는 것이 가능한지에 대한 답은 이것을 공부한 후에 하도록 하라.

03 기도는 무엇인가? 무엇이 기도인가? 기도는 좁은 의미의 기도와 넓은 의미의 기도로 나눌 수 있다. 좁은 의미의 기도는 하나님을 부르며 예수님의 이름으로 하나님께 드리는, 우리가 아는 기도다. 만약 우리가 이 좁은 의미의 기도만 기도로 안다면 우리는 쉬지 않고 기도할 수 없다. 넓은 의미의 기도가 있다. 넓은 의미의 기도가 무엇인지 알기 위해서는 먼저 기도의 구성 요소가 무엇인지 살펴볼 필요가 있다. 기도가 기도되기 위해서 필요한 요소는 무엇인가?

기도가 성립되려면 기도자와 기도의 대상 곧 기도를 받으시는 분과 기도의 내용 그리고 그 기도를 들으신 분의 반응에 따른 결과가 있어야 한다. 이것을 충족시키는 것이 있다면 그것은 넓은 의미의 기도다. 참고도서 『말의 힘』pp. 52-56.

04 생각은 사람이 마음속에서 자기 자신과 말로 주고받는 대화다. 성경을 통해 살펴보면 생각은 단순히 자기자신과 주고받는 대화로 끝나지 않는다. 하나님이 사람의 생각을 아신다. 그것을 다음 성경에서 확인하라. 시 94:11, 139:2, 참고 눅 5:22, 마 9:4

05 사람의 생각을 아시는 하나님이 사람의 생각에 어떻게 반응하시는가? 사 59:7

06 사람의 생각은 기도의 요소를 갖추고 있는가?

07 생각하는 사람이 있고 그 생각을 아시는 하나님이 계시고 하나님이 그 생각에 응답하신다. 시편 기자는 생각이 기도임을 어떻게 고백하고 있는가? 시 19:14

08 사람은 말로 다른 사람과 대화한다. 사람의 입에서 나온 말은 사람만 듣는가? 말 3:16

09 사람들이 피차 주고받는 말을 분명히 들으시는 하나님이 계시다.

사람이 피차에 주고받는 말을 들으신 하나님이 그것을 여호와 앞에 있는 기념책에 기록하셨다. 하나님은 왜 이것을 기념책에 기록해 놓으셨는가? 당신이 한 말을 들으신 하나님은 어떻게 하시는가?

10 시편 기자는 "여호와여 내 혀의 말을 알지 못하시는 것이 하나도 없으시니이다"시 139:4라고 고백했다. 시편 기자는 "나의 입술의 모든 말"이 기도라고 고백했다. 시 19:14 당신도 당신이 사람들에게 하는 말도 기도임을 인정하는가? 그렇게 알고 말하는가?

11 하나님은 사람의 행위를 아시는가? 잠 11:20, 창 6:12, 시 119:168

12 사람의 행위에 하나님은 어떻게 반응하시는가? 잠 16:7, 사 3:8, 시 28:4, 호 9:15

13 사람의 행위가 기도 요소를 충족시키는가?

14 생각과 말과 행위는 넓은 의미의 기도다. 좁은 의미의 기도와 넓은 의미의 기도를 포함하면 우리의 기도와 생각과 말과 행동이 다 기도다. 당신은 이것이 기도임을 인정하는가? 그렇다면 이제 사람이 쉬지 않고 기도할 수 있는지 대답해 보라. 쉬지 않고 기도하는 것이 가능한가?

15 우리는 쉬지 않고 기도하는 것이 가능하다. 아니, 지금까지 쉬지 않고 기도해 왔고 지금도 쉬지 않고 기도하고 앞으로도 쉬지 않고 기도할 것이다. 다만 시편 기자처럼 그것이 기도인 것을 아는 사람과 모르는 사람이 있을 뿐이다. 당신의 생각이 기도인 것을 알고도 그렇게 생각하겠는가? 당신이 피차 주고받는 말이 기도인 줄 알고도 그렇게 말하겠는가? 당신이 몸으로 하는 행위가 기도인 줄 알고도 그렇게 행동하겠는가?

16 당신의 생각 기도의 주된 내용은 무엇인가?

17 당신의 말 기도의 주된 내용은 무엇인가?

18 당신의 몸 기도의 주된 내용은 무엇인가?

19 예수님에게 기도는 습관이었다. 눅 22:39 베드로와 요한은 기도시간이 따로 있었다. 행 3:1 당신에게도 기도 습관과 정한 기도 시간이 있는가? 기도가 생활이 되도록 함께 기도하자.

14과 실습_오늘의 개인 기도일기 쓰기

읽을 말씀 마 6:9-13
외울 말씀 빌 4:6-7

01 기도 일기를 쓰면 어떤 유익이 있는가? 성도들을 위해 만든 기도일기 양식인 『조현삼 목사의 성도 일기』서문에 쓴 글을 참고 하라.

> 청년 시절 기도 일기를 썼습니다. 지금도 집 어딘가에 그때 쓴 기도 일기들이 있지 않을까 싶습니다. 기도할 당시는 아득한 일, 실현 가능성이 아주 적은 일들이었는데, 세월이 지나 어느 순간 그 기도 노트를 읽다가 그것이 현실이 되어 내 삶이 되었고, 내 삶 가운데 있는 것을 자주 경험했습니다.
>
> 2015년 8월, 안식월을 보내는 중에 예전에 쓰던 기도 일기 생각이 났고, 기도 일기를 다시 쓰고 싶은 마음이 들었습니다. 기억을 더듬어 청년 시절 만들어 썼던 기도 일기 양식을 떠올렸습니다. 당시 만들어 사용한 기도 일기 포맷은 A4 용지에 위에는 날짜를 쓰고 아래 칸에 그날의 기도 내용을 적었습니다. 기도문을 적은 것은 아니고, 기도한 내용을 주제별로 구분해서 나중에 확인이 가능하도록 구체적으로 적었습니다. 그리고 오른쪽에 그 기도가 어떻게 되었는지를 확인하는 칸을 하나 두었습니다. 나중에 기도 일기를 읽으며 그 기도가 어떻게 응답되었는지를 거기다 적었습니다.
>
> 우리는 자주, 그것도 빨리 잊는 것 같습니다. 우리는 자신이 기도한 것도 잊을 때가 있습니다. 자신이 기도한 것을 잊으면 기도가 응답되어도 그것이 기도응답인줄 모릅니다. 당연히 감격하지 못합니다. 그런데 기도 일기를 쓰면 달라집니다. 시간이 날 때마다 기도 일기를 읽는 재미가 있습니다. "아, 이때 내가 이렇게 기도했구나. 그 기도가 지금 이렇게 이루어졌구나." 이 맛이, 그 어떤 별미를 먹을 때 못지않습니다.

신혼 초까지 기도 일기를 종이에 쓰다 그 후로 오늘까지 대부분의 기도 일기를 뇌에다 썼습니다. 가끔 뇌에 쓴 기도 일기를 꺼내 읽기는 하는데, 뇌에 쓴 잉크는 종이에 쓴 잉크보다 흐려지는 속도가 빠른 것 같습니다. 어느 정도 시간이 지나면 흐릿해져서 잘 보이지 않으니 말입니다. 종이에 기도 일기를 쓰고, 그것을 꺼내 읽던 때가 그리워졌습니다. 기도 일기를 종이에 계속 썼으면, 지금쯤 그 기도 일기 읽는 재미도 만끽할 텐데 하는 아쉬움이 남습니다.

_____

_____

_____

02 예수님이 가르쳐주신 기도를 중심으로 기도 일기를 작성하려고 한다. 기도 일기 이름은 〈오늘의 개인 기도〉다. 먼저 주기도문을 암송하고 시작하자.

그러므로 너희는 이렇게 기도하라. 하늘에 계신 우리 아버지여 이름이 거룩히 여김을 받으시오며 나라가 임하시오며 뜻이 하늘에서 이루어진 것 같이 땅에서도 이루어지이다. 오늘 우리에게 일용할 양식을 주시옵고 우리가 우리에게 죄 지은 자를 사하여 준 것 같이 우리 죄를 사하여 주시옵고 우리를 시험에 들게 하지 마시옵고 다만 악에서 구하시옵소서. 나라와 권세와 영광이 아버지께 영원히 있사옵나이다. 아멘. 마 6:9-13

_____

_____

_____

03 오늘 내가 부른 하나님의 이름(예, 아버지 하나님, 사랑이 많으신 하나님, 전능하신 하나님, 나의 방패이신 하나님, 나의 든든한 보장이신 하나님 등)

- 하늘에 계신 우리 아버지여, Our Father in heaven,

---

04 나는 오늘 하나님이 이 세상에서 다음과 같이 되시기를 원한다

- 이름이 거룩하게 여김을 받으시며, hallowed be Your name,

---

05 오늘 내게 임하기 원하는 하나님 나라, 또는 오늘 내게 임한 하나님 나라

- 나라가 임하시며, Your kingdom come,

- 하나님의 나라는 먹는 것과 마시는 것이 아니요 오직 성령 안에 있는 의와 평강과 희락이라. 롬 14:17

- 하나님의 나라는 말에 있지 아니하고 오직 능력에 있음이라. 고전 4:20

- 불의한 자가 하나님의 나라를 유업으로 받지 못할 줄을 알지 못하느냐. 고전 6:9

---

06 오늘 나의 삶에 이루어지기 원하는 하나님의 뜻, 또는 오늘 내게 이루어진 하나님의 뜻

- 뜻이 하늘에서 이룬 것 같이 땅에서도 이루어지이다.
  Your will be done on earth, as it is in heaven.

- 주의 뜻이면 우리가 살기도 하고 이것이나 저것을 하리라. 약 4:15
- 범사에 감사하라. 이것이 그리스도 예수 안에서 너희를 향하신 하나님의 뜻이니라. 살전 5:18
- 하나님의 뜻은 이것이니 너희의 거룩함이라. 살전 4:3
- 그러므로 어리석은 자가 되지 말고 오직 주의 뜻이 무엇인가 이해하라. 술 취하지 말라. 이는 방탕한 것이니 오직 성령으로 충만함을 받으라. 엡 5:17–18
- 그러므로 하나님의 뜻대로 고난을 받는 자들은 또한 선을 행하는 가운데에 그 영혼을 미쁘신 창조주께 의탁할지어다. 벧전 4:19
- 너희 중에 있는 하나님의 양 무리를 치되 억지로 하지 말고 하나님의 뜻을 따라 자원함으로 하며 더러운 이득을 위하여 하지 말고 기꺼이 하며 맡은 자들에게 주장하는 자세를 하지 말고 양 무리의 본이 되라. 벧전 5:2
- 내 아버지의 뜻은 아들을 보고 믿는 자마다 영생을 얻는 이것이니 마지막 날에 내가 이를 다시 살리리라 하시니라. 요 6:40
- 이와 같이 이 작은 자 중의 하나라도 잃는 것은 하늘에 계신 너희 아버지의 뜻이 아니니라. 마 18:14

07 오늘의 필요

오늘날 우리에게 일용할 양식을 주시고
Give us today our daily bread.

08 오늘 없앤 내가 지은 죄와 다른 사람이 내게 지은 죄

우리가 우리에게 죄 지은 자를 사하여 준 것 같이 우리 죄를 사하여 주시고
Forgive us our debts, as we also have forgiven our debtors,

- 만일 우리가 우리 죄를 자백하면 그는 미쁘시고 의로우사 우리 죄를 사하시며 우리를 모든 불의에서 깨끗하게 하실 것이요. 요일 1:9
- 너희가 누구의 죄든지 사하면 사하여질 것이요 누구의 죄든지 그대로 두면 그대로 있으리라 하시니라. 요 20:23
- 서서 기도할 때에 아무에게나 혐의가 있거든 용서하라. 그리하여야 하늘에 계신 너희 아버지께서도 너희 허물을 사하여 주시리라 하시니라. 막 11:25

- 주의 : 자신과 타인의 허물을 드러낼 수 있으니, 회개로 없앤 자신의 죄와 용서로 없앤 다른 사람의 죄는 기록 대신 말로 하나님께 고백하고, "나 곧 나는 나를 위하여 네 허물을 도말하는 자니 네 죄를 기억하지 아니하리라"사 43:25 라고 하시는 하나님을 믿고 잊어버리라.

09 성결을 위한 오늘의 간구

우리를 시험에 들게 하지 마시고 다만 악에서 구하옵소서.
and lead us not into temptation, but deliver us from the evil one.

10 오늘 내가 받은 하나님의 다스림(하나님의 통치를 받은 결과가 하나님의 나라다. 하나님의 말씀에 순종한 것이 다스림을 받은 것이다)

나라와 For Yours is the Kingdom,

---

11 하나님의 권세로 오늘 한 일

권세와 and the power,

---

12 오늘 나를 통해 나타난 하나님의 영광

영광이 아버지께 영원히 있나이다. 아멘
and the glory, forever, Amen.

오늘의 개인 기도 예)

SAINTS' DIARY　　NAME　　　　DATE　　　　　PLACE

⊙ 오늘의 개인기도

○ 그러므로 너희는 이렇게 기도하라. 하늘에 계신 우리 아버지여 이름이 거룩히 여김을 받으시오며 나라가 임하시오며 뜻이 하늘에서 이루어진 것 같이 땅에서도 이루어지이다. 오늘 우리에게 일용할 양식을 주시옵고 우리가 우리에게 죄 지은 자를 사하여 준 것 같이 우리 죄를 사하여 주시옵고 우리를 시험에 들게 하지 마시옵고 다만 악에서 구하시옵소서. 나라와 권세와 영광이 아버지께 영원히 있사옵나이다. 아멘. 마 6:9–13

오늘 내가 부른 하나님의 이름 (예, 사랑이 많으신 하나님, 전능하신 하나님, 나의 방패이신 하나님, 나의 든든한 보장이신 하나님 등)

○ 하늘에 계신 우리 아버지여, Our Father in heaven,

나는 오늘 하나님이 이 세상에서 다음과 같이 되시기를 원한다

○ 이름이 거룩하게 여김을 받으시며, hallowed be Your name,

오늘 내게 임하기 원하는 하나님 나라, 또는 오늘 내게 임한 하나님 나라

○ 나라가 임하시며, Your kingdom come,

○ 하나님의 나라는 먹는 것과 마시는 것이 아니요 오직 성령 안에 있는 의와 평강과 희락이라. 롬 14:17

○ 하나님의 나라는 말에 있지 아니하고 오직 능력에 있음이라. 고전 4:20

○ 불의한 자가 하나님의 나라를 유업으로 받지 못할 줄을 알지 못하느냐. 고전 6:9

오늘 나의 삶에 이루어지기 원하는 하나님의 뜻, 또는 오늘 내게 이루어진 하나님의 뜻

○ 뜻이 하늘에서 이룬 것 같이 땅에서도 이루어지이다. Your will be done on earth, as it is in heaven.

○ 주의 뜻이면 우리가 살기도 하고 이것이나 저것을 하리라. 약 4:15

©조현삼 목사의 성도 일기

- 범사에 감사하라. 이것이 그리스도 예수 안에서 너희를 향하신 하나님의 뜻이니라. 살전 5:18
- 하나님의 뜻은 이것이니 너희의 거룩함이라. 살전 4:3
- 그러므로 어리석은 자가 되지 말고 오직 주의 뜻이 무엇인가 이해하라. 술 취하지 말라. 이는 방탕한 것이니 오직 성령으로 충만함을 받으라. 엡 5:17-18
- 그러므로 하나님의 뜻대로 고난을 받는 자들은 또한 선을 행하는 가운데에 그 영혼을 미쁘신 창조주께 의탁할지어다. 벧전 4:19
- 너희 중에 있는 하나님의 양 무리를 치되 억지로 하지 말고 하나님의 뜻을 따라 자원함으로 하며 더러운 이득을 위하여 하지 말고 기꺼이 하며 맡은 자들에게 주장하는 자세를 하지 말고 양 무리의 본이 되라. 벧전 5:2
- 내 아버지의 뜻은 아들을 보고 믿는 자마다 영생을 얻는 이것이니 마지막 날에 내가 이를 다시 살리리라 하시니라. 요 6:40
- 이와 같이 이 작은 자 중의 하나라도 잃는 것은 하늘에 계신 너희 아버지의 뜻이 아니니라. 마 18:14

오늘의 필요
- 오늘날 우리에게 일용할 양식을 주시고 Give us today our daily bread.

오늘 없앤 내가 지은 죄와 다른 사람이 내게 지은 죄
- 우리가 우리에게 죄 지은 자를 사하여 준 것 같이 우리 죄를 사하여 주시고
  Forgive us our debts, as we also have forgiven our debtors.
- 만일 우리가 우리 죄를 자백하면 그는 미쁘시고 의로우사 우리 죄를 사하시며 우리를 모든 불의에서 깨끗하게 하실 것이요. 요일 1:9
- 너희가 누구의 죄든지 사하면 사하여질 것이요 누구의 죄든지 그대로 두면 그대로 있으리라 하시니라. 요 20:23
- 서서 기도할 때에 아무에게나 혐의가 있거든 용서하라. 그리하여야 하늘에 계신 너희 아버지께서도 너희 허물을 사하여 주시리라 하시니라. 막 11:25

◎ 자신과 타인의 허물을 드러낼 수 있으니, 회개로 없앤 자신의 죄와 용서로 없앤 다른 사람의 죄는 기록 대신 말로 하나님께 고백하고, "나 곧 나는 나를 위하여 네 허물을 도말하는 자니 네 죄를 기억하지 아니하리라" 사 43:25라고 하시는 하나님을 믿고 잊어 버리라.

성결을 위한 오늘의 간구
○ 우리를 시험에 들게 하지 마시고 다만 악에서 구하옵소서.
and lead us not into temptation, but deliver us from the evil one.

오늘 내가 받은 하나님의 다스림 (하나님의 통치를 받은 결과가 하나님의 나라다. 하나님의 말씀에 순종한 것이 다스림을 받은 것이다)
○ 나라와 For Yours is the Kingdom,

하나님의 권세로 오늘 한 일
○ 권세와 and the power,

오늘 나를 통해 나타난 하나님의 영광
○ 영광이 아버지께 영원히 있나이다. 아멘 and the glory, forever, Amen.

사명선언문

너희가 흠이 없고 순전하여……세상에서 그들 가운데 빛들로
나타내며 생명의 말씀을 밝혀 _ 빌 2:15-16

1. 생명을 담겠습니다
만드는 책에 주님 주신 생명을 담겠습니다.
그 책으로 복음을 선포하겠습니다.

2. 말씀을 밝히겠습니다
생명의 근본은 말씀입니다.
말씀을 밝혀 성도와 교회의 성장을 돕겠습니다.

3. 빛이 되겠습니다
시대와 영혼의 어두움을 밝혀 주님 앞으로 이끄는
빛이 되는 책을 만들겠습니다.

4. 순전히 행하겠습니다
책을 만들고 전하는 일과 경영하는 일에 부끄러움이 없는
정직함으로 행하겠습니다.

5. 끝까지 전파하겠습니다
모든 사람에게, 땅 끝까지, 주님 오시는 그날까지
복음을 전하는 사명을 다하겠습니다.

서점 안내

광화문점 서울시 종로구 새문안로 69 구세군회관 1층
02)737-2288(T) 02)737-4623(F)

강남점 서울시 서초구 신반포로 177 반포쇼핑타운 3동 2층
02)595-1211(T) 02)595-3549(F)

구로점 서울시 구로구 시흥대로 577 3층
02)858-8744(T) 02)838-0653(F)

노원점 서울시 노원구 동일로 1366 삼봉빌딩 지하 1층
02)938-7979(T) 02)3391-6169(F)

분당점 경기도 성남시 분당구 황새울로 315 대현빌딩 3층
031)707-5566(T) 031)707-4999(F)

신촌점 서울시 마포구 서강로 144 동인빌딩 8층
02)702-1411(T) 02)702-1131(F)

일산점 경기도 고양시 일산서구 중앙로 1391 레이크타운 지하 1층
031)916-8787(T) 031)916-8788(F)

의정부점 경기도 의정부시 청사로47번길 12 성산타워 3층
031)845-0600(T) 031)852-6930(F)

인터넷서점 www.lifebook.co.kr